CRIATIVIDADE ESPONTÂNEA

Tenzin Wangyal Rinpoche

CRIATIVIDADE ESPONTÂNEA

Meditações para manifestar suas qualidades positivas

Tradução **Jeanne Pilli**

© 2018 por Tenzin Wangyal Rinpoche

Todos os direitos desta edição são reservados:
© 2019 Editora Lúcida Letra

COORDENAÇÃO EDITORIAL: Vítor Barreto
TRADUÇÃO: Jeanne Pilli
REVISÃO DE TEXTO: Heloísa Pupatto Fiuza de Andrade
PROJETO GRÁFICO, CAPA E DIAGRAMAÇÃO: Aline Paiva

1ª edição, 11/2019

Dados Internacionais de Catalogação na Publicação (CIP)

T313c Tenzin Wangyal, Rinpoche.
Criatividade espontânea : meditações para manifestar suas qualidades positivas / Tenzin Wangyal Rinpoche. – Teresópolis, RJ: Lúcida Letra, 2019.
160 p. ; 21 cm.

ISBN 978-85-66864-79-3

1. Budismo - Meditação. 2. Budismo – Criatividade. 3. Consciência. 4. Vida espiritual. I. Título.

CDU 294.3
242
CDD 294.3444

Índice para catálogo sistemático:
1. Budismo   294.3
2. Meditação 242
(Bibliotecária responsável: Sabrina Leal Araujo – CRB 8/10213)

Nota sobre a caligrafia

A caligrafia no início de cada página de *Criatividade Espontânea* foi criada por Tenzin Wangyal Rinpoche.

Cada uma delas representa um princípio fundamental explorado no livro, sendo uma expressão da alegria de Rinpoche em se dedicar plenamente aos ensinamentos com seu corpo, fala e mente.

Como apoio adicional à sua prática, todas as meditações de Criatividade Espontânea estão disponíveis em áudios gravados. Para acessar esses áudios, acesse www.lucidaletra.com.br/pages/criatividade

Sumário

Introdução, 9

CAPÍTULO 1: **Conectando-se à fonte**, 15

CAPÍTULO 2: **Conhecendo seu verdadeiro *eu***, 25

    Praticando a meditação formal, 27

    A porta do corpo, 29

    A porta da fala, 32

    A porta da mente, 35

    O refúgio interno como remédio, 37

    Espaço livre ilimitado, 38

    Consciência pura, 39

    O calor das qualidades positivas, 40

    As três pílulas preciosas, 40

    A preciosa pílula branca:
    liberando o corpo de dor, 43

    A preciosa pílula vermelha:
    liberando a fala de dor, 44

    A preciosa pílula azul:
    liberando a imaginação de dor, 45

Capítulo 3: **Uma jornada da abertura à manifestação**, 47

> A ~ O PODER DA ABERTURA, 49
>
> OM ~ O PODER DA CONSCIÊNCIA, 58
>
> HUNG ~ O PODER DA INSPIRAÇÃO, 65
>
> RAM ~ O PODER DO AMADURECIMENTO, 81
>
> Trabalhando com energia emocional, 93
>
> A natureza autoliberada das emoções, 95
>
> Tomando as três pílulas preciosas para a dor emocional, 98
>
> DZA ~ O PODER DE MANIFESTAR, 100

Capítulo 4: **A expressão sagrada do sofrimento e da sabedoria**, 109

> A prática da arte do rushen, 113
>
> Prática da arte do tögel, 117
>
> Bloqueios criativos, 121
>
> Inspiração para o despertar, 125

Capítulo 5: **Serviço e liderança iluminados**, 131

> A sabedoria da ausência do eu, 133
>
> Liberdade interna, 139
>
> Compaixão, 143
>
> Inspirando os outros para servir, 150

Agradecimentos, 155

Sobre o autor, 159

Introdução

Todos nós somos criativos. O tipo de criatividade da qual estou falando em Criatividade Espontânea não é apenas uma qualidade que artistas ou algumas pessoas talentosas possuem. É um poder que todos nós possuímos, um fluxo de energia que surge instintivamente a partir de dentro, influenciando todos os aspectos da nossa vida. A criatividade é o fogo sagrado que faz acender a chama da mudança positiva em nós mesmos, nos outros e no mundo. Nossa natureza é criativa e a humanidade evoluiu por causa disso.

Mas parece ser uma condição da natureza humana e, certamente, dos nossos tempos, nos desconectarmos de nossa natureza criativa e procurarmos por alguém ou algo para culpar quando algo dá errado. Podem ser nossos pais, nossa comunidade, nossos líderes, até mesmo a humanidade como um todo, mas sustentamos forças externas a nós mesmos responsáveis por estragar nossa vida. Podemos não fazer isso conscientemente, mas, muitas vezes, nos comportamos como se outra pessoa estivesse no controle, tomando decisões por nós. Gastamos tempo e energia preciosos focados nos outros – culpando-os, reclamando, falando mal e criticando aqueles que não compartilham da nossa visão sobre as coisas. Em vez disso, precisamos voltar nossa preciosa atenção para a fonte criativa que há dentro de nós e assumir a responsabilidade sobre nossa própria vida.

As práticas que ofereço em *Criatividade Espontânea* pertencem à tradição *dzogchen* do Budismo Bön. O dzogchen é um termo tibetano que pode ser traduzido como "grande perfeição". Perfeição, nesse caso, não é um estado ao qual aspiramos, mas a completude essencial que já somos. A visão ou perspectiva do dzogchen é ilimitada, significando que não existem condições ou limites fundamentais que definam nossa natureza essencial. Quando não estamos presos em nossa dor, na dúvida ou no medo, podemos nos abrir criativamente ao que cada momento da vida tem a oferecer e ao tesouro que temos para oferecer à vida. Livres de nossas limitações e compromissos, nos tornamos mais flexíveis, mais produtivos, mais conscientes.

Estudo e pratico o dzogchen desde que era um jovem monge na Índia há muitos anos. Embora as origens desses ensinamentos estejam nas antigas escolas de sabedoria de Zhang Zhung e do Tibete, sua essência é como a água pura – atemporal e universal, não pertencendo à esfera de ação de uma religião ou cultura em particular. Abertos e inclusivos, os ensinamentos são tão relevantes hoje quanto eram há séculos. Com base nesses ensinamentos, as meditações e práticas guiadas em *Criatividade Espontânea* destinam-se a ajudá-lo a ativar sua capacidade de lidar com os desafios que enfrenta e a expressar suas qualidades positivas de maneira criativa.

O Capítulo 1, *Conectando-se à fonte*, o introduz à sua própria natureza criativa e revela como se conectar ao refúgio interno, a fonte sagrada de todas as qualidades positivas, como o amor e a alegria.

O Capítulo 2, *Conhecendo seu eu verdadeiro*, descreve o refúgio interno como um remédio e oferece métodos para acessá-lo através das três portas: do corpo, da fala e da mente.

O Capítulo 3, *Uma jornada da abertura à manifestação*, mapeia um caminho de cinco estágios para a realização de todo o seu potencial através do despertar dos poderes criativos de abertura, consciência, inspiração, amadurecimento e manifestação. O potencial criativo, em cada estágio, é explorado juntamente com métodos práticos para dissolver quaisquer obstáculos que possam ser encontrados.

O Capítulo 4, *A expressão sagrada do sofrimento e da sabedoria*, descreve uma outra abordagem para manifestar seu potencial criativo. A arte do *rushen* e a arte do *tögel* permitem que você elimine bloqueios emocionais e explore sua criatividade inata. Na arte do *rushen*, a expressão da dor torna-se um caminho para a cura, enquanto na arte do tögel expressamos as qualidades positivas que surgem espontaneamente.

O Capítulo 5, *Serviço e liderança iluminados*, nos leva além da expressão criativa individual até o ponto culminante da prática espiritual: o cuidado e o serviço como um caminho sagrado. Aqui você descobre maneiras de aplicar sua energia criativa e suas habilidades inatas para o benefício da família, do local de trabalho, da comunidade e do mundo em geral, expressando sua sabedoria e compaixão naturais como um cuidador e um líder iluminado.

Cada um de nós é parte de uma família maior, conectada à vida como um todo em suas inúmeras formas. Se quisermos ir além da simples repetição da história humana, precisamos fazer mais do que apontar os erros de nossos ancestrais. Precisamos abraçar nossa dor pessoal e coletiva com abertura e coragem e seguir em frente com uma inspiração renovada. Dessa forma, seremos capazes de receber as bênçãos daqueles que vieram antes de nós e garantir o bem-estar das gerações futuras.

Meu desejo mais profundo é o de que você extraia um grande benefício desses ensinamentos ao explorá-los, levá-los ao seu coração e senti-los ganhando força em sua própria vida.

MA – a mãe, o espaço sagrado interno ilimitado, a fonte de todas as qualidades positivas, sem exceção.

CAPÍTULO 1
Conectando-se à fonte

Criatividade é o que nutre a alegria. Quando somos criativos, expressamos a alegria de estarmos vivos. Em nossa essência, somos todos criativos.

Mas o que é criatividade, exatamente? É um artista trabalhando em seu estúdio, um compositor debruçado sobre seu piano, sua avó fazendo um bolo, seu vizinho cuidando do jardim? Sem dúvida, todos esses são esforços criativos. Mas, na tradição budista Bön, a criatividade é muito mais do que uma demonstração de habilidades ou de talentos específicos. É uma expressão da nossa natureza essencial – de quem verdadeiramente somos.

A criatividade é frequentemente associada à experiência de *flow* – foco energizado, expressão sem esforço, total imersão no que estamos fazendo. Tanto a criatividade quanto o *flow* surgem da mesma fonte – do espaço fundamental do ser. A essência da criatividade é o transbordamento espontâneo de qualidades positivas daquela fonte aberta.

A tradição dzogchen, praticada por mim, refere-se ao espaço do ser como a mãe (*ma*); à consciência que reconhece esse espaço como o filho (*bu*); e à união do espaço e da consciência, mãe e filho, como energia dinâmica (*tsal*). Não precisamos entender essa relação conceitualmente, mas vivenciá-la pessoalmente. Cada momento pode ser livre de esforço, bonito, útil e capaz de transformar nossas vidas se estivermos totalmente conectados ao espaço do ser. Quando vivemos a partir dessa conexão com a fonte, as qualidades que associamos à atividade criativa – alegria, ludicidade, bom humor, amor, generosidade – surgem naturalmente.

Ser criativo é intrinsecamente humano. Quer se trate de uma obra de arte que você cria, de um jantar que você prepara, ou da maneira hábil com que você conversa com sua filha quando ela faz algo arriscado, tudo isso pode ser permeado pela criatividade. Quando você está ciente e conectado ao espaço do ser, que é sua verdadeira natureza, suas ações e sua expressão têm o potencial de trazer o bem para o mundo. A expressão artística – na verdade, qualquer atividade humana – que surge da fonte é considerada sagrada. Na minha tradição, isso é chamado de *trinlé*, ou ação iluminada. Quando o que você expressa é uma ação iluminada, ela tem significado e propósito e beneficiará a você mesmo e aos outros.

Tradicionalmente, a fonte fundamental do ser é descrita como uma fonte inesgotável de água pura para quem tem sede; as chaves do tesouro do reino para os empobrecidos; um remédio para aqueles que estão doentes; um lar para aqueles que vagueiam; um melhor amigo para o solitário; um refúgio interno para aqueles que estão aprisionados no samsara, a roda da existência cíclica que nos ata ao sofrimento. Essa fonte é um potencial criativo que está à nossa espera para que encontremos uma maneira de expressá-la.

Na visão do Budismo Bön, nossa natureza é primordialmente pura. Assim, dentro de cada ser vivo está essa *fonte* pura de criatividade que dá origem às qualidades positivas e a infinitas possibilidades que são as *causas* da criatividade. Qualidades como amor, compaixão, alegria e equanimidade são a expressão espontânea dessa fonte e a essência do *flow* criativo.

A criatividade é nosso direito inato e nossa natureza é expressiva. Mas de que maneira nos conectamos com essa energia criativa para que possamos entregar os presentes que cada um de nós tem a oferecer ao mundo? Um dos métodos mais eficazes que encontrei para descobrir a criatividade é ativar o potencial criativo de cinco centros de energia no corpo que são conhecidos como chacras. Existem muitos chacras por todo o corpo; pode ser que você esteja familiarizado com as tradições que se concentram em sete. Aqui, vamos trabalhar com cinco chacras. Resumidamente, os chacras são portais para um caminho que começa com o espaço sagrado ilimitado e continua a se desdobrar do potencial criativo à manifestação criativa. Vamos explorar isso em detalhes no Capítulo 3.

A libertação da energia criativa começa pelo chacra da coroa, no topo da cabeça. Aqui removemos o que impede a abertura e nos conectamos com a confiança para descobrirmos nosso potencial criativo. Se não experienciarmos essas qualidades diretamente, podemos acessá-las através do que chamamos de três portas: a quietude do corpo, o silêncio da fala interna e o espaço da mente. Encorajados por essa experiência de abertura e autoconfiança, nos conectamos com o segundo potencial criativo, a consciência, através da energia do chacra da garganta. Aqui descobrimos nosso valor inato, que vem da conexão com o nosso verdadeiro *eu*, e nos sentimos completos exatamente como somos. Os medos como *eu não consigo* ou *eu não mereço*, que bloqueiam a expressão criativa, dissolvem-se no calor da nossa atenção. O terceiro potencial criativo que descobrimos é a inspiração, a energia do chacra do coração. Aqui, descobrimos qualidades positivas como alegria e amor. A criatividade floresce em um ambiente positivo, nutrindo e sendo nutrida pela felicidade e pela alegria, que são parte integrante do processo criativo. O quarto potencial criativo, que descobrimos através da energia do chacra do umbigo, é a qualidade do amadurecimento. O foco aqui é sobre o que quer que esteja dentro de nós, ou em nossa vida, quase pronto para se expressar, que precise apenas de um empurrãozinho, de um pouquinho da nossa atenção. Esse é um ponto crítico no caminho criativo: quando um projeto ou uma ideia está nesse estado de prontidão, ele pode se desdobrar de duas maneiras. Se dermos a luz e o calor da nossa atenção, ele pode ser completado, realizado. Mas, se não dermos atenção, ele pode acabar na pilha de projetos incompletos e de sonhos abandonados. Se nada bloquear nossa energia nesse momento, não será preciso quase nenhum esforço para o projeto ser concluído. No quinto chacra, o chacra da manifestação, nós avançamos e levamos nossos projetos criativos à fruição. A criatividade não é mais um mero potencial, ela se torna fato, toma forma. Sua expressão pode encantar e servir aos outros.

Pode parecer um processo simples, não é? Se a expressão criativa fosse tão fácil assim... Não teríamos dificuldade nenhuma em oferecer nossas habilidades e talentos ao mundo. Mas parece que as pessoas encontram muitas maneiras de se desconectar de sua essência e da fonte de criatividade. Eu conheci um homem que era um músico muito talentoso. Tendo recebido reconhecimento local, ele quis ir mais longe e espalhar sua música por todo o mundo. Encontrou outras pessoas que poderiam ajudá-lo a concretizar sua visão. Mas, no momento em que sua carreira decolou, ele começou a estragar tudo. Ele simplesmente não conseguia lidar com o sucesso e acabava se recolhendo de volta ao ponto familiar de onde havia partido como intérprete. Cada vez que se expandia para além de um determinado limite, surgia um medo muito profundo que armava uma emboscada. Ele se sentia preso e deprimido.

Então, como podemos acessar nossa energia criativa quando nos sentimos presos? Como podemos reacender a chama da inspiração? Mesmo sendo inerentemente ricos de qualidades positivas em nossa essência, podemos falhar em reconhecer nossos recursos internos. Como podemos nos reconectar à fonte? A chave é a consciência. Isso significa nos conhecermos intimamente. O conhecimento de nossa essência interna não pode ser adquirido através da aprendizagem formal. Não se trata de acumular habilidade ou dados. Consiste em reconhecermos a abertura e de estarmos conscientes dela em todos os momentos. A fonte aberta do ser torna-se nosso refúgio – apoio que está sempre disponível para nós.

Muitas vezes, porém, quando buscamos soluções para nossos problemas, estamos ocupados ou distraídos demais para nos voltarmos à abertura. Ficamos presos no cumprimento de prazos, trabalhando em nossas listas de tarefas e pensando no que faremos para relaxar quando o fim de semana chegar. Estamos tão acostumados ao sentimento de desconexão de nós mesmos e dos outros que podemos até pensar que as palavras *sofrimento* e *dor* não se aplicam a nós. Mas, para nos reconectarmos à nossa verdadeira natureza, é essencial que enfrentemos nossa insatisfação cara a cara e a vejamos como o sofrimento que é. O problema é que ninguém quer se sentir desconfortável; por isso evitamos olhar para nosso desconforto de várias formas. Afastamos experiências negativas e confundimos isso com o poder de dizer não. Apegamo-nos às coisas das quais gostamos e confundimos isso com conexão. Distraímo-nos de infinitas formas muito espertas e chamamos de entretenimento. Somos muito bons em evitar.

Mas o caminho para acessarmos a criatividade e manifestarmos nossas qualidades positivas sempre volta à abertura. É a base, o começo – não é uma etapa que podemos evitar. Uma vez que a abertura natural do ser é a fonte da criatividade, o que quer que nos impeça de sentir essa abertura bloqueia nossa criatividade e também nossa alegria. De fato, impede o surgimento de todas as nossas qualidades positivas. Se você refletir sobre o que está bloqueando sua criatividade a cada momento, é provável que encontre uma longa lista de obstáculos: *não tenho tempo suficiente para fazer tudo o que preciso, imagine se daria para realizar algo criativo. Sou muito dispersa. Não tenho privacidade. Tenho contas para pagar. Depois que saio do trabalho, não tenho mais energia para nada.* Conheço pessoas que repetem como um mantra, *não consigo fazer isso, não consigo fazer isso, não consigo fazer isso.* Envie a si mesmo uma mensagem assim, com bastante frequência, e veja se a criatividade terá alguma chance!

Há muitos bloqueios possíveis para viver criativamente, muitas desculpas para não agir. Quando resolvemos um bloqueio e o removemos da nossa lista, é provável que encontremos outro para substituí-lo. Dessa maneira, nossas listas nunca terão fim. Mas os itens nas nossas listas não são o problema. A pergunta a fazer não é *o que* está bloqueando você, mas *quem*. *Quem é aquele que está sofrendo?* Como você experiencia a si mesmo, a identidade que você cria, é o bloqueio número um do acesso à fonte interna de criatividade. Sustentar a noção de um *eu* que é fixo e sólido – e que estará sempre com você – é um dos erros fundamentais identificados na tradição Bön e nas tradições budistas. Sofremos não em razão do que está acontecendo conosco, mas por causa desse *eu* com que nos identificamos e ao qual nos apegamos com tanta tenacidade. Essa é a causa do nosso sofrimento. Esse *eu* está sempre ocupado inventando uma história sobre como a vida é, e como os seres humanos tendem a ter um viés negativo, nossas histórias raramente têm um final feliz. No entanto, existe uma saída. Através da prática da meditação, podemos olhar para dentro e investigar esse *eu* fixo que sofre. Quando fazemos isso, acabamos vendo que essa noção de *eu* só continua existindo porque nós a sustentamos com pensamentos e imaginação. Quando paramos de construir o *eu* dessa maneira, suas garras se afrouxam. Começamos a sentir uma abertura. Esse *eu* com foco estreito não controla mais nossos pensamentos, não bloqueia mais o acesso ao espaço interno, à fonte criativa.

A dificuldade é que esse falso *eu*, muitas vezes, fica escondido, direcionando nossa reatividade abaixo do nível de nossa consciência. Estamos tão acostumados a nos identificar com isso que agimos como se fosse real. Quando expomos esse *eu*, podemos reagir com apego ou aversão, nos agarrando a ele, incapaz de imaginar a vida sem ele, ou procurando maneiras de nos livrarmos dele. O mundo está cheio de conselhos bem-intencionados sobre o autoaperfeiçoamento, e muitas pessoas meditam na tentativa de substituir um *eu* indesejável por um outro *eu* mais positivo. Mas esses esforços são infrutíferos e equivocados. A questão fundamental que não está sendo tratada é sustentarmos a insistência de que temos uma identidade sólida e imutável. Descobrir a verdade da ausência do ego ou ausência do *eu* é um ensinamento fundamental na minha tradição e um passo essencial no caminho para manifestarmos nossas qualidades positivas.

Em vez de tentarmos contornar ou evitar a dor ou de tentarmos nos livrar dela, precisamos nos abrir completamente para a dor e para o desconforto. Qualquer que seja a forma que o *eu* assuma – e pode ser tão mutável quanto o seu humor – é, sem dúvida, uma espécie de dor. Eu chamo isso de *identidade de dor*. Talvez você encontre um *eu* que é inseguro, hesitante ou que tem medo de ser notado. Talvez você esteja carregando um *eu* por aí que não está recebendo o reconhecimento que merece. Se o medo ou a insegurança surgirem como uma voz crítica ou um sentimento generalizado de infelicidade, eles provavelmente já vivem com você há bastante tempo. Mas, se você reconhecer a dor – mesmo a dor entrincheirada – diretamente, sua atenção terá a força de uma agulha de acupuntura atingindo precisamente o ponto certo para liberar a energia bloqueada. Um momento de medo ou insegurança, adequadamente enfrentado, pode conduzi-lo à descoberta de sua verdadeira natureza.

Para trazer sua consciência a uma experiência dolorosa, preste atenção às sensações no corpo, às emoções que estão surgindo, aos pensamentos que vêm à mente. Ao abrir-se à experiência, toque-a diretamente, tomando consciência de uma maneira imparcial. Não se afaste de nenhuma parte da sua experiência. Apareça. Esteja presente. Não se abandone e nem abandone seu desconforto.

Costumo sugerir que você trate a dor ou o medo como trataria um amigo querido que veio até você tremendo de medo. O que você faria? Estaria totalmente aberto a essa pessoa, certo? Nesse momento, não dividiria sua atenção com o celular na mão, dizendo: "Ah, só um minuto, estou recebendo uma mensagem. Mas... vá em frente. Estou ouvindo você." Não. Focaria toda a atenção em seu amigo. Estaria presente. Quando você está totalmente presente à dor de alguém, surge naturalmente o calor e um profundo carinho. Pode acontecer o mesmo com relação ao seu próprio desconforto. Se estiver totalmente presente, começará a mudar. Quando a dor é liberada, o calor surge espontaneamente a partir do espaço do ser.

TSAL – A energia dinâmica
que surge espontaneamente da
união de abertura e consciência

Capítulo 2
Conhecendo seu verdadeiro *eu*

Nossa essência é imutável. Não há nada a ser mudado, nada quebrado que precise ser consertado, nada a ser melhorado. Somos fundamentalmente completos como somos hoje. Perfeitos, como os textos descrevem. Perfeitos, nesse sentido, refere-se aos ensinamentos budistas de que já temos todas as qualidades iluminadas dentro de nós. Mas, ainda que tenhamos essa natureza perfeita, nem sempre nos damos conta disso ou a acessamos em nossa vida. Todos nós reconhecemos a bondade e temos a capacidade de sermos bondosos, mas, muitas vezes, não somos. Reconhecemos o calor de um sorriso, mas, muitas vezes, não sorrimos. Na maior parte do tempo, o que expressamos na vida não é inspirado ou caloroso, mas impulsionado pelos chamados três venenos: aversão, desejo e ignorância. Afastamos ou evitamos o que não gostamos; isso é aversão. Queremos mais do que gostamos; isso é desejo. E não temos consciência de nossa verdadeira natureza como seres amplos e perfeitos; isso é ignorância. Desconhecer nossa natureza pura é a causa raiz do sofrimento. A dor e a insatisfação que nos rondam ao longo da vida são a dor da desconexão – de estarmos desconectados de nossa bondade fundamental, das infinitas possibilidades e qualidades positivas que surgem dessa fonte interna.

A meditação formal nos apoia na conexão com a ampla fonte interna, ajudando-nos a viver a partir dessa fonte. Ao longo deste capítulo, são apresentadas meditações para ajudá-lo a se conectar com a fonte de criatividade e um mapa detalhado para descobrir seu potencial criativo e liberar sua energia criativa. Mas, antes de embarcar nessa jornada, quero enfatizar que, embora este livro, Criatividade Espontânea, contenha instruções formais de meditação, sentar-se em uma almofada no chão com as pernas cruzadas não é a única maneira de praticar. O propósito da meditação é nos conectar com a base sagrada do ser, havendo muitas maneiras de estabelecer essa conexão. Para um músico, tocar um instrumento pode ser uma meditação. Para alguém que gosta de cozinhar, preparar uma refeição pode ser uma prática sagrada. Qualquer atividade pode ser uma meditação se você estiver conectado ao espaço do ser – à fonte – quando você lhe dá voz ou forma.

Os resultados positivos da conexão com a fonte são tão incríveis que você pode achar difícil acreditar que haja um remédio único que possa aliviar seu sofrimento. Mas existe. A consciência da abertura do ser é esse remédio único. Mas, mesmo que você tenha experimentado o remédio, que tenha se conectado à sua natureza aberta, sentido a centelha criativa da conexão, talvez até transformado um relacionamento doloroso com alguém ou com alguma coisa – um mau hábito, talvez – você ainda pode estar se perguntando como se conectar ao espaço interno, conscientemente, pode ajudá-lo a todo momento. Como acontece com qualquer ensinamento ou prática, é importante explorar por si mesmo. Teste o poder da consciência aberta em todos os aspectos de sua vida. Veja o que acontece, o que é transformado. Ao provar os frutos de sua prática, você verá a vida como uma aventura e um presente, sentindo-se motivado para expressar a alegria de viver criativamente de maneiras benéficas.

Praticando a meditação formal

A meditação conecta você com a fonte da criatividade infinita. É seu apoio para superar obstáculos e familiarizar-se com as qualidades positivas de sua verdadeira natureza, a partir das quais você pode expressar sua vida plenamente. A recomendação é meditar no início da manhã para que você possa sentir os benefícios da prática durante o resto do dia. No início, é melhor praticar a concentração por períodos curtos. Gradualmente, poderá aumentar o tempo de meditação se quiser.

A postura de cinco pontos

Na meditação formal, esteja você sentado em uma cadeira ou em uma almofada no chão, a posição de seu corpo é um apoio importante para experienciar a consciência aberta. A posição de meditação tradicional é chamada de postura de cinco pontos.

◊ Sente-se de pernas cruzadas sobre um tapete ou almofada. Essa postura sustenta sua energia e mantém o centro de seu corpo aquecido.

◊ Mantenha sua coluna ereta. Isso permite que sua respiração flua mais naturalmente.

◊ Mantenha seu peito aberto. Isso permite uma conexão direta com sua experiência.

◊ Descanse as mãos no colo, quatro dedos abaixo do umbigo. Coloque as mãos na posição de equanimidade ou de equilíbrio como um lembrete de que sua meditação é um equilíbrio entre abertura e consciência. Coloque as pontas dos polegares na base dos dedos anulares. Com as palmas para cima, descanse os dedos da mão esquerda levemente sobre os dedos da mão direita.

◊ Mantenha a cabeça ereta e recolha levemente o queixo para alongar a parte de trás do pescoço. Isso ajuda a cortar o fluxo incessante de pensamentos.

◊ Seus olhos devem estar abertos e receptivos, posicionados para baixo para minimizar distrações.

Se não conseguir se sentar confortavelmente em uma almofada, você pode se sentar em uma cadeira. Sente-se ereto, sem encostar no encosto da cadeira. Descanse os pés no chão.

A prática de meditação nunca deve ser forçada. Ela deve ser espontânea e fresca. Mas, no início de sua prática, você precisará fazer um pouco de esforço para capturar sua mente errante, sustentando um foco. Nas meditações que se seguem, você explorará a experiência de posicionar seu foco primeiramente na quietude do corpo, depois no silêncio da fala e, por fim, no espaço da mente – as três portas. Quando a atenção repousa sobre o objeto de foco e você sente o seu apoio, a tendência de a mente vaguear diminuirá. Com o apoio do foco, a mente inquieta é domada. Quando sua mente errante começa a descansar, você fica menos distraído com pensamentos e diálogos internos. A verdadeira natureza da mente é aberta e o foco o ajuda a reconhecer essa abertura. Sua prática, então, é descansar nessa abertura. Não importa o que surja – pensamentos, sentimentos, sensações, lembranças – a instrução é a mesma: deixe como está. Permaneça consciente da espaciosidade da mente que permite que tudo surja, permaneça e se dissolva.

A porta do corpo

Para explorar a porta do corpo, comece refletindo sobre todo o movimento que você tem expressado por meio do corpo ao longo dos anos, todo o esforço físico que você despendeu. Pense em todas as escadas que subiu, no chão que varreu, nas mesas que limpou. Faça um inventário completo de todas as atividades repetitivas como essas em sua vida, passada e presente. Observe qualquer insatisfação subjacente que se reflete nesses movimentos. Reflita sobre algo que demandou um grande esforço físico, algo que você não quer mais fazer. Você consegue liberar qualquer impulso de fazer de novo? Tome um tempo para essa reflexão. O propósito disso é ajudá-lo a reconhecer a oportunidade que este momento lhe oferece para descansar em silêncio. Receba como um presente.

O acesso à quietude através da porta do corpo permite que você experimente a sua essência imutável. O primeiro passo é parar de se mover e descansar a atenção no corpo. Tome consciência de estar imóvel. A quietude do corpo se torna o suporte para sua mente errante descansar. Podemos pensar que deixar a mente vagar por todos os lados é dar liberdade a ela. Mas não temos consciência de que o que está realmente dirigindo essa mente errante e inquieta é a insatisfação não reconhecida. Esse movimento expressa a dor da desconexão da fonte interna. A mente que vagueia, buscando, nunca encontrará satisfação permanente. Então, na meditação, deixamos a mente descansar.

Descansar a consciência sobre a quietude de seu corpo não garante que todos os pensamentos ou sensações parem de surgir. Eles ainda surgirão, mas seguir seus pensamentos ou envolver-se com eles deixará de interessá-lo. Seguindo na prática, você se conectará com a quietude do ser. Experienciar a quietude do ser inclui o corpo, mas não se limita a ele. Você descobre um ser que é ilimitado – uma sensação de espaciosidade que tudo permeia. A porta da quietude do corpo dá acesso a esse refúgio verdadeiro, o espaço do ser em que todos estamos conectados.

Meditação: **Quietude do corpo**

Sente-se em uma posição confortável, com a coluna ereta e o peito aberto. Traga sua atenção para a quietude do corpo. Você não está apenas parado; está consciente da quietude.

Descanse nessa quietude. Seja essa quietude.

Enquanto você descansa na quietude, pode ser que sua mente se mova, capturada por pensamentos, sentimentos, sensações, recordações. À medida que você se torna consciente de que perdeu a conexão com a quietude, simplesmente traga sua mente de volta à quietude no corpo. Reconecte-se e descanse.

Aos poucos, torne-se consciente da quietude do ser. Esse ser inclui o corpo, mas não está limitado a ele. Deixe essa consciência expansiva apoiar você.

Reconheça essa sensação de abertura, de espaciosidade que é ilimitada. Descanse. Esse espaço ilimitado é sagrado. Esse é o espaço em que todos nós estamos conectados. Esse espaço é chamado de mãe, base, a base de tudo. Descanse nesse espaço, como uma criança que descansa no colo de sua mãe amorosa – protegida, segura, confortável, amada. Libere-se completamente nesse espaço, que não tem idade, não muda, não tem fronteiras, é livre de todas as limitações. Torne-se o espaço.

Confie nesse espaço imutável do ser, nesse refúgio. Descanse enquanto a experiência tiver frescor.

Dedique o mérito de sua prática com a aspiração: ao liberar meu próprio ser, possa eu beneficiar os outros.

Para aqueles que temem a mudança, quando levarem sua consciência de volta ao refúgio interno, o medo será liberado e vocês encontrarão proteção. Para aqueles que se sentem perdidos, quando se voltarem para esse espaço interno sagrado, encontrarão o caminho de casa. Para aqueles que se sentem isolados e solitários e que necessitam de conexão, quando voltarem o olhar para esse espaço interno sagrado, poderão sentir a conexão com a mãe universal. Qualquer que seja o sofrimento que estiver sentindo, traga-o para esse espaço do ser. Acolha, sinta, permita que seja liberado nesse espaço. Sinta o conforto de poder descansar. Essa é a experiência da liberdade interna.

A porta da fala

Outra maneira de acessar o refúgio interno de sua verdadeira natureza é através da porta da fala. Você pode explorar essa porta também por meio da reflexão e da meditação. Comece pensando em todo o esforço que você despendeu em sua vida ao falar, expressar sua opinião, ser ouvido, ser reconhecido. Por outro lado, pense no esforço que você fez para silenciar, para evitar sentir constrangimento ou vergonha. Considere a energia que gastou em fofocar, culpar e criticar a si mesmo ou aos outros. Você consegue permitir que todo esse esforço seja liberado? Você pode se dar permissão para descansar? Reconheça essa oportunidade de descansar em silêncio como um presente. Receba-o plenamente neste momento.

A porta do silêncio da fala o conduz à consciência do ser, consciência que é fresca, não fabricada e iluminadora. Você adentra essa porta escutando o silêncio, depois ouvindo-o, depois sentindo-o e, depois, tornando-se o silêncio. Comece ficando quieto e ouvindo o silêncio. Observe sua tendência de seguir o som, incluindo o som de seu próprio diálogo interno. Ao levar a atenção para o silêncio, ele o ajudará a liberar sua reatividade aos sons internos e externos. Deixe o silêncio apoiá-lo para que libere a tendência de falar consigo mesmo, de comentar e descrever e categorizar sua experiência. Libere a tendência de criticar ou julgar. Enquanto você descansa em silêncio, a energia envolvida na reatividade é liberada e se torna disponível para um uso mais criativo. O silêncio é como um oceano vasto e profundo. Os sons são as ondas, as correntes e as ondulações no oceano. Você consegue descansar no oceano do silêncio, deixando os sons dentro de você e ao seu redor simplesmente serem como são?

Quando o ruído de seu diálogo interior não o distrair mais, surge a consciência que não está ligada à mente pensante. Ela não tem opinião. Essa consciência é nova, brilhante e viva a cada momento. Não é resultado do esforço; é espontânea. Os textos descrevem essa consciência como iluminação – conhecer sua essência.

A porta do silêncio da fala dá acesso à consciência do espaço sagrado do ser.

> ## Meditação: **Silêncio da fala interna**
>
> Sente-se em uma posição confortável com a coluna ereta e o peito aberto. Traga a atenção para o silêncio dentro de você e ao seu redor. Você não está apenas em silêncio; você está consciente do silêncio.
>
> Se você tiver uma tendência ao diálogo interno, precisará fazer algum esforço para ouvir o silêncio.
>
> Quando começar a ouvir e sentir o silêncio interno, poderá soltar o esforço para ouvir e simplesmente descansar no silêncio. Deixe o silêncio sustentar você. Quando parar de falar consigo mesmo, sentirá uma sensação de paz.
>
> Conforme você descansa apoiado pelo silêncio, a consciência surge espontaneamente. Essa é a consciência que descobre o potencial ilimitado na abertura.
>
> Descanse enquanto sua experiência tiver frescor.
>
> Dedique o mérito de sua prática com a aspiração: ao liberar meu próprio ser, possa eu beneficiar os outros.

Descobrir a consciência pura é como a experiência de alguém que luta contra a pobreza, mas que, de repente, descobre que é de uma família nobre e que herdou o tesouro de um reino. A consciência que descobre o espaço ilimitado do ser é a chave para seu tesouro interno. Você se sente pleno e completo como é nesse momento. Não há nada faltando. Você se sente digno. Ao se conectar com essa consciência, você experiencia o potencial infinito de seu ser. Essa consciência é um refúgio que está sempre disponível.

A porta da mente

A terceira porta para reconhecer sua essência interna é a porta da mente. Para adentrar essa porta, reflita sobre o esforço considerável que dedicou em sua vida para estudar e aprender. Estudou fatos, números, nomes, conexões e padrões para tentar dar sentido à vida – para entender, encontrar ordem, memorizar, fazer a coisa certa, ser inteligente, ser correto, ganhar aprovação, vencer. Quem não imaginou uma vida melhor, uma saída, uma direção, um caminho para o coração, uma maneira de escapar? Reserve um tempo para refletir sobre o acúmulo de todo esse esforço mental. O propósito dessa reflexão é ajudá-lo a conectar-se com o calor natural da presença que, muitas vezes, é obscurecido pelas atividades mentais. Agora, deixe esse esforço mental ser liberado. Receba o presente de descansar essa mente inquieta. Deixe o vento de seus pensamentos se exaurir no céu aberto de sua mente.

Geralmente pensamos na mente como a faculdade que nos permite pensar, raciocinar e imaginar. Mas, na meditação, levamos nossa atenção para a espaciosidade da mente. Esse espaço é mais vasto do que qualquer pensamento, sensação, emoção ou lembrança que se movem nele. A espaciosidade não tem cor, forma ou limite, e a mente que busca e procura pode se libertar de qualquer esforço e descansar. A busca chegou ao fim. Você está em casa e está presente. Não precisa de seus pensamentos para saber que está presente. A consciência, despida da roupa da mente conceitual, é como o sol brilhando em um céu sem nuvens. Nesse espaço do ser, você sente o calor da presença. Enquanto permanece aí, esse calor natural lhe dá uma sensação fundamental de bem-estar, bondade e alegria.

> **Meditação: Espaciosidade da mente**
>
> Sente-se em uma posição confortável com a coluna ereta e o peito aberto. Traga sua atenção para o espaço dentro e em torno do seu coração. Libere qualquer esforço e descanse.
>
> Continue a abrir seu foco e descanse nessa abertura. Quando notar que seu foco está se estreitando em torno de um pensamento, uma imagem ou uma sensação, abra-o novamente. Sem suprimir ou seguir seus pensamentos, deixe apenas que eles sejam como são.
>
> Sinta a espaciosidade do ser. Descanse.
>
> A consciência é como a luz do sol no céu aberto de seu ser. Permanecendo na consciência aberta, sinta o calor natural.
>
> Descanse enquanto sua experiência tiver frescor.
>
> Dedique o mérito de sua prática com a aspiração: ao liberar meu próprio ser, possa eu beneficiar os outros.

Na espaciosidade do ser e na luz da consciência, você se funde com o calor natural da presença. Torna-se um com o calor e, nessa união, sente-se seguro. Esse é o calor de qualidades positivas de amor, compaixão, alegria e equanimidade. Essas qualidades positivas estão todas disponíveis para você e surgem espontaneamente. A porta da espaciosidade da mente dá acesso às qualidades positivas ilimitadas. Esse é o terceiro aspecto do refúgio interno. Expressar essas qualidades traz satisfação à sua vida e beneficia os outros.

Quando você se sentar para meditar, esvazie seu corpo do impulso de se mover, esvazie sua fala da vontade de comentar, esvazie seus pensamentos da necessidade de melhorar. Simplesmente descanse, consciente da quietude, do silêncio e da espaciosidade. Quando descansa a mente que está sempre em movimento e buscando algo, você chega em casa, retorna à sua verdadeira natureza. Ao tomar consciência da quietude do corpo, do silêncio da fala e da espaciosidade da mente, você se conecta com as três qualidades do refúgio interno: o espaço ilimitado do ser, a consciência pura e o calor das qualidades positivas. Cada vez que medita, você se torna mais familiarizado com esse refúgio interno.

O refúgio interno como remédio

Ser introduzido ao refúgio interno da mente natural dá início a uma poderosa jornada de transformação. A ignorância com respeito ao refúgio interno – nossa verdadeira natureza – é a causa raiz do sofrimento. Não estamos tentando fazer com que a ignorância mude. Mas a ignorância precisa de um bom descanso porque tem trabalhado demais. É ineficiente, improdutiva e drena nossa energia sem nenhum resultado positivo. Quando não estamos conscientes da abertura do ser, sofremos e tentamos fazer qualquer coisa para aliviar o desconforto. Buscamos por coisas para que tudo seja diferente do que é. Desorientados, muitas vezes procuramos refúgio – algo que se pareça com quietude, silêncio e espaciosidade – mudando as circunstâncias, nosso humor, até mesmo nossos pensamentos. Mas essas ações são impulsionadas pelos três venenos – aversão, desejo e ignorância – e não podem nos libertar do sofrimento. Precisamos nos conectar com a abertura de nosso ser, não nos desconectarmos dela. Precisamos estar conscientes, não inconscientes. Precisamos acolher nossas experiências, não fugir delas. Precisamos ter conhecimento em vez de vagar pelo desconhecido. A raiz direta da consciência da abertura, que é a fonte da criatividade, é permitir que a mente inquieta, e que está em constante movimento, descanse. Como sempre, a instrução é: *Deixe como está*.

A criatividade espontânea surge de estarmos plenamente conscientes e de estarmos conectados à fonte, ao refúgio interno. Quando estamos conectados, os três atributos do refúgio interno – espaço ilimitado, consciência pura, calor das qualidades positivas – tornam-se disponíveis para nós. Cada atributo tem uma função distinta na remoção dos obstáculos à plena expressão de nossas qualidades positivas.

Espaço livre ilimitado

Descansar no espaço do ser elimina os obstáculos. Muitas vezes, no entanto, não confiamos nisso. Pode ser que você tenha preocupações como '*Se eu permitir que meu medo se mostre completamente, se eu não tentar controlá-lo, ele não vai tomar conta de mim?*'

Mas, por maior que seja seu medo, ele não é tão vasto quanto o espaço do ser. Quando sentir medo, em vez de se fechar ou se contrair de alguma forma, abra-se a ele. Se mantiver o medo a distância, isso terá poder sobre você. Mas, se parar de tentar afastá-lo – ignorando-o ou suprimindo-o – o poder da abertura estará disponível para você. O medo se dissolve porque ele não tem poder inerente. É uma construção de sua mente; portanto, é possível desconstruí-lo. Medo é isso.

Se você está conectado ao espaço do ser, é possível lidar com qualquer experiência. O espaço do ser é sempre ilimitado, mas o que se move dentro dele tem um senso limitado de si mesmo. Portanto, quando você está conectado ao espaço do ser, os obstáculos se dissolvem, simplesmente porque um obstáculo não consegue se sustentar, a menos que esteja sendo sustentado. Se você estiver mantendo algo secretamente – alimentando um obstáculo – esse esforço será exposto, permitindo que você o libere e descanse na própria abertura. O que surge não é permanente. Se estiver descansando em abertura, você não estará alimentando seu medo e, portanto, ele se exaure. Conectar-se com o espaço do ser elimina os obstáculos. Eles surgem por si sós e se liberam por si sós. É por isso que a abertura de seu ser é um refúgio verdadeiro do sofrimento.

Consciência pura

Quando aquilo que você está focando, como o medo, encontra a consciência aberta, ele se dissolve. Mas o que acontece então com o ego, o *eu* que estava sentindo o medo? Se você levar a atenção nua para o *eu*, ele também se libera. O que resta é a consciência que experiencia diretamente o espaço do ser. Então, o que acontece? Sua energia começa a se mover. Pensamentos e ideias não são sólidos e fixos, e eles se rearranjam de maneiras novas e inspiradas. Toda essa liberdade fica disponível! À medida que você descansa na abertura do ser, os velhos hábitos se dissolvem, permitindo o surgimento de novas possibilidades. A consciência pura é um verdadeiro refúgio que libera o sofrimento.

O calor das qualidades positivas

A consciência que não é vinculada a pensamentos e opiniões, mas percebe diretamente a abertura do ser, faz surgir o calor da presença genuína. Emergem qualidades como a alegria e o amor. O calor dessas qualidades positivas é o terceiro atributo do refúgio interno. O calor se expande, movendo-nos para nos expressarmos criativamente. Um novo pensamento surge, guiando-nos em uma nova direção. Algo está acontecendo! Janelas estão se abrindo! Aprecie essa vitalidade. Você pode se sentir inspirado para escrever, pintar, cozinhar, para buscar conexão com as pessoas. Reconheça e celebre sua expressão criativa. O calor das qualidades positivas é um verdadeiro refúgio que cura o sofrimento e beneficia os outros.

As três pílulas preciosas

Por mais que desejemos permanecer conectados ao refúgio interno, muitas vezes nos desconectamos dele.

Nessas situações, como podemos nos reconectar à fonte? Antes de nos reconectar, precisamos reconhecer as maneiras pelas quais nos desconectamos. Refiro-me a esse estado de desconexão da fonte como uma identidade de dor. Ela é composta pelo corpo de dor, fala de dor e mente de dor.

O corpo de dor é qualquer noção de um *eu* que esteja solidamente identificado com um estado mental, um sentimento, uma opinião ou uma reação: *eu estou com medo; eu estou sofrendo; eu estou preso; eu não gosto disso; eu tenho que resolver aquilo.* Em contraste com a abertura que permite todas as experiências, quando nos sentimos como um *eu* sólido e fixo, estamos nos contraindo – limitando ou bloqueando o potencial inerente disponível em todos os momentos. A fala de dor refere-se ao diálogo interno constante de julgamento direcionado a si mesmo ou aos outros. Na maior parte do tempo, nosso diálogo interno não é totalmente consciente, mas obscurece nossa confiança básica e nosso senso de valor. A mente de dor é a imaginação do medo. Quando o medo dirige a mente, imagina todos os tipos de possibilidades terríveis que podem ou não acontecer. Muitas das imagens que o medo cria drenam nossa energia e bloqueiam a inspiração. De fato, qualquer um dos três – corpo de dor, fala de dor ou mente de dor – pode nos drenar e bloquear nossa criatividade.

A experiência aparentemente sólida de *eu* não é quem nós fundamentalmente somos, mas, muitas vezes, é quem sentimos ser. A boa notícia é que não somos tão fixos ou sólidos quanto possa parecer. Até mesmo um vislumbre da liberdade interna que surge da abertura, da limpidez e do calor da mente natural acende a nossa chama. Então percebemos que, fundamentalmente, não somos nossos pensamentos, humores, ansiedades e medos. Há muito mais na vida do que a mente conceitual é capaz de apreender.

Existem três prescrições para nos liberar dessa sensação limitada de *eu*. Chamo-as de "as três pílulas preciosas". Uma pílula é um remédio e, nesse caso, o remédio é a instrução de para onde se voltar e onde descansar sua atenção quando precisar de cura. A primeira instrução é trazer sua atenção para a quietude do corpo. Refiro-me a isso como tomar a pílula preciosa branca. Trazer atenção para o silêncio da fala é tomar a pílula preciosa vermelha. E trazer a atenção para a espaciosidade da mente é tomar a pílula preciosa azul. As cores das três pílulas preciosas derivam das práticas tibetanas de visualização. Conectamo-nos ao corpo sagrado através da luz branca, à fala sagrada através da luz vermelha e à mente sagrada através da luz azul.

Tomar a pílula preciosa do corpo significa concentrar-se na quietude de seu corpo e repousar a atenção até ter um vislumbre do espaço interno sagrado do ser. Tomar a pílula preciosa da fala significa concentrar-se no silêncio de sua fala interna e repousar a atenção até ter um vislumbre da consciência que é fresca, vívida e livre. Tomar a pílula preciosa da mente significa trazer a atenção para o espaço dentro e em torno de seu coração e concentrar-se nesse local, sem suprimir ou seguir seus pensamentos, até sentir o calor do ser.

Essas três pílulas preciosas são o remédio que permite acessar a fonte de inspiração e de ações positivas em qualquer momento de sua vida.

A preciosa pílula branca: liberando o corpo de dor

Talvez você deteste ter que trabalhar todos os dias, mas não tenha escolha. Em vez de se arrastar porta afora imaginando o alívio que sentirá no fim de semana, pare e tome plena consciência do que está sentindo. *Tenho tanta coisa para fazer hoje; não tenho energia; não suporto meu chefe.* Respire fundo. Ao expirar lentamente, conecte-se com seu corpo e sinta a quietude dele nesse momento. Repouse sua atenção na quietude do corpo. Deixe a experiência da quietude ajudá-lo a se sentir mais conectado consigo mesmo. À medida que a energia investida em não gostar ou em evitar sua experiência começa a ser liberada, você pode ter um vislumbre da abertura. Há cura nessa abertura. Você pode sentir a aflição se transformando em alívio imediatamente, mas depois descobre que a angústia retorna mais tarde. Quando perceber que novamente se sente angustiado, reconheça sem julgamento e tome outra pílula preciosa branca: pare e conecte-se com a quietude. Sinta a quietude do corpo. Faça uma respiração profunda, sinta-se nutrido por essa respiração e, novamente, sinta o alívio da espaciosidade.

Essa é uma prática que pode ser repetida quantas vezes for necessário ao longo do dia. Não é simplesmente um meio de relaxar o corpo ou de liberar tensão no abdômen, embora isso possa acontecer. Sempre que reconhecer que sua identidade de dor está bloqueando o espaço aberto de seu ser, isso pode ser remediado com a preciosa pílula branca. É importante repetir essa prática curta até que reconheça que a sua identidade de dor – aquela que está sofrendo, aquela que está bloqueada – não é permanente ou fixa, até que se sinta confiante para estar plenamente presente com ela e descobrir oportunidades das quais, até então, não tinha consciência.

A preciosa pílula vermelha: liberando a fala de dor

Assim como a preciosa pílula branca libera o sofrimento do corpo de dor, a preciosa pílula vermelha libera o sofrimento da fala de dor. Você já se ouviu dizendo coisas como, *"Meu dia está tão ruim. O que há de errado comigo? Não posso acreditar que esqueci disso."* Essas vozes de ansiedade e autocrítica são tão familiares que começamos a acreditar na realidade que elas retratam. Elas literalmente nos ligam a uma certa versão da realidade naquele momento. Quando perceber que está falando consigo mesmo dessa maneira, pare. Respire fundo e, enquanto solta o ar lentamente, ouça o silêncio que está dentro de você e ao seu redor. Comece a ouvi-lo. Independentemente de quão barulhento seja o ambiente interno ou externo, o silêncio está sempre disponível. Ouça, sinta, descanse. A instrução não é se desconectar ou evitar a experiência, mas permanecer totalmente presente sem seguir seu diálogo interno. Deixe que essas vozes internas sejam como são, sem segui-las ou discutir com elas. Enquanto ouve o silêncio, você gradualmente sente alívio, uma sensação de frescor. Podem surgir alegria e bom humor espontaneamente. Vai perceber que há mais apoio disponível para você na abertura do ser do que na tagarelice incessante da voz em sua cabeça.

A preciosa pílula azul: liberando a imaginação de dor

A preciosa pílula azul libera o sofrimento da imaginação de dor. Você já teve a experiência de esperar pelos resultados de um exame médico? Provavelmente imaginou vários cenários, mudando rapidamente, postulando determinados resultados e projetando as ações que teria que tomar com respeito a cada um deles. Em um instante você sente a ansiedade aumentando por conta das visões que assumem o controle de sua mente. Muitas vezes tentamos contrapor a imaginação de dor com outra visão mais positiva: *veja o lado positivo. Veja que metade do copo está cheio.* Mas você já considerou que existe uma abertura fundamental disponível que não carrega o viés da esperança ou do medo? A abertura é como o céu vasto. Não importa o que esteja acontecendo no céu, o céu permanece aberto. O céu não discute com o que surge nele. Portanto, quando pensamentos e visões surgirem em sua mente, traga sua atenção para o coração e respire profundamente. Ao soltar lentamente o ar, abra-se para o espaço dentro e ao redor de seu coração, o céu interno do ser. Deixe essa sensação de céu dentro e ao redor de você sustentá-lo assim como todos os movimentos de sua mente. Se você não alimentar pensamentos com mais pensamentos, eles não conseguirão permanecer como estão. Eles irão se exaurir. E, mantendo-se nessa abertura, sentirá uma genuína sensação de bem-estar.

DZA – A sílaba semente de ação
virtuosa espontânea e criativa

Capítulo 3
Uma jornada da abertura à manifestação

O vislumbre de abertura que as três pílulas preciosas oferecem, não importa quão fugaz seja, revela a verdade do seu ser. Fundamentalmente, você é inteiro; pode realizar isso e viver sua vida a partir dessa realização. Para fazer isso, porém, é preciso estar disposto a trabalhar consigo mesmo, a cada momento, libertar-se da tirania de suas identidades de dor, para que possa experienciar cada momento diretamente. Apoiado pelas três pílulas preciosas, você descobre que o que pode começar como um simples vislumbre de abertura, torna-se uma experiência dessa abertura na qual você pode confiar.

Sempre que tentamos nos mover de um lugar para outro na vida, pode ser útil ter um mapa. Muitos de nós agora confiam nos aplicativos GPS em nossos telefones celulares para chegar a lugares novos e desconhecidos em tempo hábil. Mas há também um mapa ou um sistema de orientação interno para nos ajudar a passar da dor à liberdade, da sensação de estarmos bloqueados à sensação de estarmos abertos e capazes de nos expressar – um mapa que nos ajuda a descobrir o tesouro escondido de nossas aspirações e visões e a trazer à luz nossos dons nesta vida. Se deseja viver uma vida mais consciente e quer expressar seus dons antes de morrer, dedique-se a compreender o que os mestres que vieram antes de você utilizaram como orientação espiritual: um sistema de navegação energético que é inato. Através desse sistema de navegação energético, você pode encontrar o refúgio interno em qualquer momento, não importando o que tenha surgido em sua vida ou os obstáculos que tenha encontrado. Desenvolver uma relação com esse sistema energético permite que você reconheça e enfrente obstáculos e desafios e que, a seguir, possa se reconectar com suas qualidades positivas, expressando-as de maneira mais benéfica.

O sistema ou mapa de navegação energético a que me refiro depende de cinco centros de energia no corpo. Cada centro é conhecido como *chacra*, uma palavra sânscrita que significa literalmente roda – nesse caso, uma roda de luz. Cada um dos chacras do sistema tem uma localização específica no corpo. Para usar o mapa, deixe sua atenção descansar em cada chacra e permaneça nessa experiência de consciência aberta. Permanecendo – deixando que sua atenção descanse na consciência aberta – você elimina qualquer bloqueio energético e ativa as qualidades de sabedoria desse chacra.

Cada um dos cinco centros de energia tem uma sílaba ou som correspondente, que serve como uma semente, um símbolo vivo das qualidades de sabedoria disponíveis naquele local. As cinco sílabas e seus chacras correspondentes são:

A: coroa da cabeça

OM: centro da garganta

HUNG: centro do coração

RAM: centro do umbigo

DZA: centro secreto, quatro dedos abaixo do umbigo

Cada sílaba representa um poder para transformar nossa confusão ou limitações e trazer à luz nossas qualidades positivas. A sílaba *A* representa o poder da abertura; *OM*, o poder da consciência; *HUNG*, o poder da inspiração criativa; *RAM*, o poder do amadurecimento; e *DZA*, o poder da manifestação.

Nas páginas seguintes, exploraremos esse mapa energético, chacra por chacra, que irá nos guiar para reconhecermos quem verdadeiramente somos e para manifestarmos nossas qualidades positivas.

A ~ O PODER DA ABERTURA

Se nos perguntarmos honestamente se apreciamos esta vida como um presente e expressamos o mais completamente possível o que temos a oferecer, muitos de nós sentiremos estar aquém de nosso potencial. Em geral, quanto mais velhos ficamos mais nos concentramos em oportunidades perdidas ou em arrependimentos. À medida que envelhecemos e nos adaptamos às exigências do dia a dia, dizemos a nós mesmos que é natural que nosso fogo criativo diminua e que a energia para inovar e efetuar mudanças fique para os jovens e entusiastas. A verdade é que podemos temer a mudança em qualquer idade e, como resultado disso, comprometemos grande parte de nossa energia para nos sentirmos seguros e confortáveis em vez de irmos além de nossas tendências habituais e descobrirmos a abertura. No entanto, reconhecer a abertura de nosso ser é o primeiro passo essencial do processo criativo.

Como podemos lidar com a necessidade de nos sentirmos seguros sem desligarmos nossa capacidade de buscar, explorar e descobrir o poder da abertura? Qualquer jornada criativa começa com uma tela aberta, uma tela vazia, uma folha de papel em branco, com o silêncio, com um momento sem forma. Dessa maneira, a questão passa a ser: qual é seu relacionamento com esse momento sem forma? Você sente medo ou incerteza? De acordo com os ensinamentos, a experiência de abertura, quando reconhecida, é a fonte, a mãe que dá à luz tudo o que surge.

É fácil desfrutar da experiência espaçosa de olhar para o horizonte quando estamos perto do oceano, ou de parar para admirar a vista panorâmica da estrada quando estamos em uma viagem. Mas como nos sentimos quando nos deparamos com o silêncio no meio de uma conversa com um amigo ou ao lado de um ente querido que está doente e incapaz de se comunicar? O que acontece quando nos encontramos olhando para a tela do computador antes de organizarmos nossos pensamentos para escrever um e-mail importante? Como reagimos ao espaço que se abre dentro de nós quando perdemos nossa linha de raciocínio? Ou perdemos nosso animal de estimação tão querido? Ou quando nossos pais estão envelhecendo?

Muitas vezes, o espaço interno que percebemos é anunciado pela perda e depois ocupado pelo nervosismo, incerteza, raiva ou falta de confiança. Nós, frequentemente, respondemos ao desconforto com aversão. Mas podemos escolher uma visão diferente. Podemos liberar a energia que se prende à aversão e ver a perda como uma oportunidade – um portal para a abertura do ser. O primeiro refúgio é se conectar com o espaço ilimitado do ser. Conectar-se com o espaço do ser é também o primeiro passo para se expressar criativamente. Descobrimos o refúgio dentro de nós. Mas, se você fechar os olhos e olhar para dentro de si mesmo, muitas vezes tomará consciência das conversas internas ou do desconforto. Você se identifica com o desconforto porque ele é muito familiar. Assim, ao pensar "estou desconfortável", ficará preso.

É segunda-feira de manhã e você está entrando em seu corpo de dor profissional enquanto dirige para o trabalho. Existe alguma sensação de algo ilimitado nessa experiência? Sim, se você estiver consciente nesse momento. Você pode perceber, *"Hei, não preciso dirigir dessa maneira – agarrando a direção, inclinado para frente, contraindo meu estômago. Não preciso ficar obcecado com o dia que vem pela frente. Posso trazer minha atenção para a quietude e começar a sentir alguma mudança em minha consciência."* Simplesmente tomando consciência e respirando algumas vezes, algo se abre. Você pode passar de um espaço limitado e doloroso para um espaço aberto e ilimitado. Vamos supor que seja segunda-feira de manhã novamente e, desta vez, você não tem emprego. Você precisa de um emprego e é doloroso estar desempregado. Ao sentir ansiedade, levando sua atenção à quietude, sua experiência mudará. Qualquer que seja o cenário, seus pensamentos sobre ele podem obscurecer a abertura do ser que está sempre disponível para nós. A quietude lhe dá acesso à abertura.

Nos ensinamentos do Dzogchen, diz-se que, por meio dos pensamentos, nunca entenderemos a verdade. Não importa o quão inteligente seja a mente conceitual, ela nunca conseguirá apreender a verdade do ser. O acesso à fonte não se dá através do pensamento, mas através da percepção não conceitual e nua. Não se trata de olhar para o céu e pensar sobre o que é certo para a sua vida nesse momento. Trata-se de levar sua atenção para o céu e deixá-la descansar por 15 minutos. O céu lhe dará mais respostas do que qualquer pensamento. Descansar sua mente nesse suporte simples – a abertura do céu – trará mais clareza do que repetir "*O que devo fazer?*" de novo e de novo.

O caminho para ser você mesmo, conhecer a si mesmo e expressar criativamente seus dons começa com a abertura. Você pode começar a qualquer momento, pois esse espaço aberto do ser está sempre aqui, sempre disponível. Tudo o que se tem a fazer é reconhecê-lo.

Com que frequência você confunde conhecer algo conceitualmente com o fato de, realmente, experienciá-lo? Se eu perguntar, "*você sabe o que é uma maçã?*" talvez venha à sua mente a imagem de uma maçã. Poderia ser boa, ruim, orgânica – maçãs diferentes para pessoas diferentes. Você, provavelmente, conclui que sabe o que é uma maçã. Mas a sua ideia de uma maçã é igual a uma maçã? Não. Se fosse, você poderia comer sua ideia. Quando cria uma imagem de uma maçã e olha para ela, você diz que sabe o que é uma maçã. Mas tocando uma maçã real, você a percebe diretamente. Saboreando-a, ela pode nutri-lo. Percepções diretas nos conectam com a verdade do ser. Pensamentos não. Pensar que se compreende alguma coisa não é suficiente. Sentir algo, experimentá-lo diretamente, é muito mais poderoso. Isso é conhecimento incorporado. Quando sente o espaço do ser e se conecta a ele, os pensamentos perdem o poder de definir você ou a sua experiência, não o dominando mais.

Quando seus pensamentos o arrastam, isso não é um bom sinal. Mas, se você está totalmente presente na espaciosidade do ser, os pensamentos se tornam ornamentos desse espaço, em vez de distrações. Dessa maneira, o canto dos pássaros, em vez de perturbar sua meditação, realça a tranquilidade. Uma exibição de arte é um ornamento de espaço e luz. Mas, quando um ornamento o arrasta e você não sente mais o espaço e a luz, você está perdido.

Às vezes ficamos inquietos com a abertura. Sentimo-nos muito expostos. Estamos acostumados aos nossos limites familiares e, quando eles começam a se dissolver, pode ser desconfortável. O desconforto é uma resposta muito humana. Você consegue deixar a sensação de desconforto descansar na abertura? Consegue perceber o espaço diretamente e continuar deixando sua mente descansar nele? Consegue permitir que a sensação de solidão repouse no espaço? Ou o sentimento de desorientação? O espaço é o refúgio interno. Confie – ele é seu amigo, não seu inimigo. Ele irá apoiá-lo e você não se sentirá mais perdido. A espaciosidade do ser permitirá que se sinta completo e em paz, em vez de vazio e agitado. Confie no espaço como uma criança que descansa nos braços de sua mãe amorosa. É a sua casa, não um lugar estranho – é o lugar mais sagrado. Ao reconhecer isso, seu medo é liberado.

Há momentos em que nos sentimos perdidos ou desorientados e não sabemos como ir adiante em nossa vida. Como podemos encontrar alguma direção quando estamos perdidos? Quando você se sentir perdido, pergunte a si mesmo: *"quem é esse que se sente perdido?"* Traga a atenção aberta para essa identidade, o *eu* que se sente perdido. Traga a atenção para dentro de si mesmo, sem saltar de um pensamento a outro ou afastar-se da sensação de desconforto. Se você for capaz de abraçar com abertura o *eu* que se sente perdido, essa identidade de dor começará a se dissipar e a cura começará a acontecer. Descobrirá que ninguém está perdido. E quando o espaço interno de seu ser não estiver mais ocupado com essa perda, ele se torna disponível para você de maneiras mais criativas.

De acordo com os ensinamentos do Dzogchen, você nunca encontrará o seu *eu* autêntico porque esse *eu* autêntico nunca se perdeu. Isso significa que a mente que procura o que está faltando precisa parar de procurar. Aquele que está se sentindo perdido tem que soltar essa identidade. Em minha tradição há um ditado que diz: *naquilo que não está lá, você encontrará a presença*. O que isso significa? Digamos que haja duas páginas abertas diante de você. Uma página representa o espaço aberto. A outra, a sensação de estar perdido. Então, lá está você, focado na experiência de estar perdido. Quando você e essa sensação de estar perdido estão entrelaçados, e você está olhando através dos olhos daquele que está perdido, você está perdido hoje, estava perdido ontem e quando o amanhã chegar, sim, ainda estará perdido. Não percebe que continua olhando para essa única página da história da sua vida. Então, um dia, você é guiado para uma página diferente – o refúgio interno. Uau! Aquele que estava se sentindo perdido se foi. O que está acontecendo? A ausência do *eu* que dizia "estou perdido" – é só isso que está acontecendo. E, nessa ausência, você sente uma presença nascendo, a presença do ser. Você tem a sensação de voltar para casa.

Ao descobrir o espaço do ser, você descobre a base da criatividade. Às vezes não é imediato; não é como ligar ou desligar um interruptor. Por meio da meditação, é preciso cultivar a confiança, bem como aprofundar a familiaridade com o espaço aberto do ser e com a energia natural que surge a partir desse espaço. Não há lugar certo ou errado para descobrir o poder da abertura. Quando sua confiança for forte o suficiente, poderá descobrir o espaço do ser a cada momento.

Pode ser que você se prepare para um momento criativo deixando sua tela e seus pincéis prontos, mas talvez, naquela manhã, diante do cavalete, nada venha. Porém, à tarde, enquanto você está na plataforma da estação de trem, sua mente é inundada por imagens. A inspiração criativa pode aparecer em lugares estranhos. Conforme você se torna mais familiarizado com o espaço interno, poderá acessar a criatividade onde quer que esteja.

Expressão sagrada é a capacidade de sentir e de se conectar com sua verdadeira natureza e se expressar a partir desse lugar. De acordo com os ensinamentos, essa é uma grande conquista. Sempre que você está no refúgio interno, a energia dinâmica está presente e a expressão surge naturalmente. Se a expressão não está fluindo, você está desconectado – no escuro. Tudo é diferente quando se está conectado.

> Meditação: **Descobrindo o poder da abertura**
>
> Para descobrir o poder da abertura, a fonte que está disponível a cada momento, traga a atenção para o chacra da coroa, um lugar no corpo que nos ajuda a sentir a espaciosidade. Esse centro energético é o ponto em que um ser humano toca o céu acima de sua cabeça.
>
> Traga sua atenção para a coroa da cabeça e descanse seu foco nesse lugar. Permita-se assentar. Sinta a quietude do corpo como um suporte para seu foco. Ao descansar sua atenção na coroa, contemple a experiência de vastidão do céu acima de você. Você consegue sentir expansividade, a dissolução dos limites, ou aquela sensação de fascinação que sentia quando criança olhando para o céu? Imagine que a coroa da sua cabeça está energeticamente aberta para o céu. Enquanto continua deixando que sua atenção descanse, consciente do espaço acima de você, sinta o espaço

> dentro de você se abrindo. Descanse seu foco nesse espaço. Sinta a quietude do corpo como um suporte para ancorar a mente em movimento; isso permite que descubra o espaço dentro de você, aqui e agora.
>
> Enquanto descansa, apoiado pela quietude, seu foco naturalmente se abre e você se torna consciente do espaço dentro e ao seu redor. Pensamentos, sentimentos, sensações e lembranças podem surgir mas, apoiado pela quietude, você pode simplesmente deixá-los ser como são. Não há necessidade de segui-los. Mas, se isso acontecer, quando perceber que se desconectou do apoio da quietude, simplesmente volte sua atenção para a abertura no alto da cabeça e descanse. Enquanto descansa, você é apoiado pelo espaço ilimitado do ser. Você é o espaço sagrado.
>
> Este é o primeiro refúgio: a espaciosidade ilimitada do ser. Permaneça enquanto sua experiência mantiver o frescor, sem artificialidades.
>
> Dedique o mérito da sua prática com a aspiração: ao libertar meu próprio ser, possa eu beneficiar os outros.

Durante esta meditação, pode ser que você sinta, "Ah, este seria um bom momento para pensar sobre meu problema e chegar a uma solução criativa!" No entanto, eu não o encorajaria a fazer isso. Quando pensa em encontrar uma solução, você está empoderando seus pensamentos. Em vez disso, simplesmente seja – e esteja ciente de apenas ser. Você pode se perguntar: "mas se eu desencorajar meus pensamentos, o que restará de mim?" A resposta é: muito! Mas a mente que faz essa pergunta é aquela que pensa, aquela que se movimenta, e essa mente não vai querer concordar com a visão de que nossa verdadeira inteligência é a consciência do ser, da fonte. O pensar não quer perder sua supremacia.

De acordo com os ensinamentos Dzogchen, sua essência é ilimitada. O primeiro centro energético, o chacra da coroa, o ajuda a descobrir essa sensação de abertura ilimitada. Essa dimensão sagrada do ser é chamada de dharmakaya, o corpo de vacuidade. É sempre bom estar o mais aberto possível, embora nem sempre seja viável. Para mim, retornar ao refúgio interno ajuda. Dessa forma, todo dia se torna uma experiência incrível. O que vejo, o que sinto e as decisões que tomo são o resultado da minha conexão com o refúgio interno do ser. Não tenho dúvidas sobre a verdade da abertura do ser. Posso olhar para trás, ao longo dos anos, e ver os momentos em que estava confuso e não sabia o que fazer. Mas, quando me voltei para a direção certa – em direção à abertura do ser – a decisão certa surgiu. Meu desejo sincero é o de que vocês também descubram que a abertura do seu ser é um refúgio confiável e que tem poder transformador. Descobrir esse refúgio é o primeiro passo essencial de uma vida criativa.

OM ~ O PODER DA CONSCIÊNCIA

Tão necessária à criatividade quanto a abertura é a consciência que descobre a abertura e nos conecta ao espaço ilimitado. A consciência ilumina o espaço do ser, ativando possibilidades infinitas. Descobrimos que estamos vivos com potencial ilimitado. Muitas vezes *pensamos* que estamos conscientes. Ou igualamos a consciência ao pensamento, à capacidade de nomear, rotular ou descrever nossa experiência. Mas a consciência que nos conecta com essa qualidade ilimitada de abertura não é pensar, no sentido convencional. É descrita como uma consciência nua – despida da mente conceitual. Essa consciência é conhecimento direto, livre de vieses ou opiniões, esperança ou medo. Em vez de experienciar o espaço do ser como vazio, você o experiencia como rico ou pleno. Você se sente completo da forma que é no momento. O centro energético no corpo que sustenta a consciência que ilumina o espaço do ser é o chacra da garganta, e a sílaba que simboliza esse chacra é o *OM*.

Ao descobrir o espaço do ser, você encontra seu potencial criativo. A única maneira de não descobrir seu potencial criativo é ficar preso ao seu corpo de dor habitual. Seu corpo de dor só vê dor, atrai dor, fala sobre dor, vive com dor, dorme com dor. Através dos olhos de seu corpo de dor, você não vê o potencial criativo. Mas, quando faz uma pausa nessa identidade de dor, vê algo diferente da dor, da fraqueza e da falta de confiança. Esse segundo local energético – o chacra da garganta – sustenta uma sensação de completude. Nos ensinamentos, essa dimensão sagrada do ser é o *sambogakaya*, o corpo de luz.

Se olhar para dentro de si mesmo, a qualquer momento, é possível sentir-se completo. Mas você se sente completo? Muitas vezes não. No fundo, nos falta uma conexão com o espaço do ser. Referimo-nos à espaciosidade como refúgio porque descobrir a espaciosidade cura o sofrimento da separação de nossa verdadeira natureza. A consciência cura a dor do não merecimento. Quando não estamos conscientes do espaço do ser, sentimos que algo está faltando. Sentimos falta de merecimento, de valor, e nos sentimos inibidos para nos aproximarmos do mundo lá fora. Carregamos uma sensação de limitação: *"não sou bom o suficiente. Não consigo fazer isso."*

O que é preciso para se sentir completo em qualquer momento? Você pode fazer uma lista? Cada um terá uma lista diferente e o tamanho dessa lista irá variar. Alguns itens de sua lista serão concretos: *quero perder peso, arrumar a bagunça da minha casa, ser gentil com minha mãe.* Outros serão mais sutis: *quero alguém que me ame para amar; quero finalizar esse trabalho; quero contribuir com algo para a sociedade.* Cada um terá uma resposta a essa pergunta.

Agora digamos que você possa tirar alguns itens de sua lista porque já conseguiu realizá-los. Então, se perguntar novamente, *você se sente completo?* Provavelmente dirá: *Bem, na verdade não. Acho que esqueci de alguma coisa. Preciso atualizar minha lista.* Dessa forma, você volta a fazer listas, mas, novamente, é provável que não tenha a sensação de estar completo, mesmo que atinja seus objetivos. A sensação de completude inerente ao que os ensinamentos apontam não requer nada do mundo externo. Você pode ser pobre e ter a sensação de completude; ou pode ser rico e não se sentir completo.

Encontramos a sensação de completude trazendo a atenção nua para dentro e nos conectando com a abertura. Quando uso a palavra *abertura*, estou me referindo a uma dimensão muito específica dentro de você – o espaço ilimitado. Conforme exploramos com a sílaba *A*, acessamos o espaço ilimitado através da quietude. Tento estar consciente desse espaço em mim mesmo e, a partir disso, me sinto mais completo. Essa sensação de estar completo não diz respeito a ter algo. É a verdade de sua natureza essencial. Você é a grande completude que tem procurado. Mas não conseguirá encontrá-la com a mente que procura por ela. Para descobrir o espaço ilimitado, precisará olhar diretamente para dentro sem seguir os movimentos de sua mente inquieta. A consciência, despida de pensamentos, descobre o espaço ilimitado. Essa consciência é o segundo poder transformador.

Portanto, a primeira descoberta é conectar-se com o espaço em si. A segunda, é estar consciente dessa conexão. A consciência nua ativa o potencial criativo e o resultado é a sensação de ter recursos suficientes para lidar com as situações. Se estiver apenas superficialmente consciente de como está se sentindo ou no que está pensando em um determinado momento, não acessará os recursos de que estou falando. As pessoas expressam essa falta de conexão de maneiras diferentes, mas tudo se resume a um sentimento de que algo está faltando. O que falta é um profundo senso de valor. Quando sentimos que algo está faltando, muitas vezes buscamos alguma coisa para preencher o vazio. Mas esse segundo potencial criativo só é percebido quando se sente conectado ao espaço do ser dentro de você, não a algo externo. Conectando-se ao espaço interno, descobre as infinitas possibilidades de sua natureza essencial.

O Dzogchen não é traduzido apenas como "grande perfeição", mas também como "grande completude". Todas as qualidades positivas, como amor, compaixão, alegria e equanimidade, já estão presentes em nossa mente natural. Mas, muitas vezes, não sabemos disso. O desafio é atingir essa realização e essa realização supera a esperança. O que quero dizer com isso? O significado convencional de esperança (*quero que X aconteça*) é o oposto do medo (*não quero que X aconteça*). A esperança como uma aspiração ou uma prece pode ser bela, mas imaginando um resultado particular, você, de fato, limita ou bloqueia o potencial ilimitado da mente natural. Quando se conecta com o espaço ilimitado do ser, pode ir além da esperança e do medo. O sentido final da liberdade é realizar o potencial infinito de seu verdadeiro *eu*. Isso significa liberar as limitações de suas ideias. Se você tem uma definição do que é perfeito, isso é um obstáculo para outras perfeições. Sua ideia de perfeição já está definida. Para vivenciar a perfeição inerente de qualquer situação, deve perceber que, ao trazer sua própria ideia de perfeição para o momento, você obscurece as outras possibilidades existentes. A perfeição que você está tentando criar ou alcançar provavelmente não acontecerá; sendo assim, não verá a perfeição que já existe dentro de você. Essa é uma perda ainda maior.

Meditação: **Descobrindo o poder da consciência**

Para realizar a consciência nua que descobre a fonte interna, traga sua atenção para o centro da garganta e descanse sua atenção nesse local. Conforme se concentra, ouça o silêncio interno. O silêncio não significa ausência de som, mas sim que os sons internos e externos perdem seu poder de capturá-lo ou distraí-lo. Se você se distrair, simplesmente traga seu foco de volta para o silêncio. Se tiver uma tendência persistente para comentar mentalmente suas experiências, concentre-se fortemente no silêncio como suporte para liberar esse hábito. Quando essa tendência começa a se esgotar, você pode relaxar o esforço e descansar, apoiado pelo silêncio.

Enquanto descansa, o diálogo interno que o define ou que define a experiência que está tendo começa a afrouxar suas garras. Quando você para de se esforçar para mudar sua experiência ou dar sentido a ela, ela se libera e você terá uma sensação de paz. A consciência que desponta é nova. Você está presente e consciente de estar presente. Experiencia o mundo com novos olhos, aberto à vivacidade de cada momento. É como se estivesse se conectando com a dança da quietude e com a melodia do silêncio. Você tem a sensação de estar completo da maneira que é neste momento. Permaneça enquanto a experiência mantiver seu frescor.

Dedique o mérito de sua prática com a aspiração: ao libertar meu próprio ser, possa eu beneficiar os outros.

Descansando seu foco na quietude no centro da coroa com A, você se abre para o espaço ilimitado do ser. Agora, enquanto descansa seu foco no centro da garganta com o OM, tendo consciência do espaço do ser, você descobre um potencial ilimitado. Essa descoberta traz uma sensação de riqueza, plenitude e completude. Mas, assim como o medo pode ser um obstáculo à abertura, a sensação de não merecimento pode obscurecer a plenitude do momento. Tudo o que você faz reflete a maneira como se sente em relação a si mesmo, no valor que dá a si próprio. Ao repousar sua atenção no silêncio interno, as vozes de crítica e julgamento podem soar bem alto. Mas, se continuar a ouvir, a escutar e a sentir o silêncio que está sempre disponível, essas vozes perderão seu poder. O silêncio, que é vazio dessas vozes, é repleto de possibilidades.

Como você já descobriu, sua identidade de ego precisa ser sustentada para existir. Quando você deixa de alimentar o mecanismo do ego com o diálogo interno e sente o apoio do silêncio interno, o *eu* que se sente sem valor se afasta e a dignidade da mente natural emerge. Você se sente como se acordasse de um transe. Você perde um *eu* – aquele que tem uma identidade que se autodeprecia – e descobre outro *eu* que é inerentemente rico em possibilidades.

À medida que as vozes internas se afastam, surge a consciência que é fresca e livre de conceitos. Você está simplesmente consciente de estar presente no momento. Enquanto descansa, deixe tudo ser como é. A consciência ilumina a abertura do ser. Essa consciência é o segundo refúgio e o segundo potencial criativo.

Como a consciência da abertura pode afetar seu processo criativo? Às vezes, quando você tenta expressar algo – dar forma –, surge o medo do fracasso. Mas, quando se conecta ao espaço sagrado dentro de você, que é pleno de potencial infinito, está se conectando ao seu valor interno. Essa conexão é uma proteção natural contra pensamentos como "não consigo fazer isso". Você se aceita completamente. Você é quem você é, completo e digno. Essa consciência o energiza e estimula seu desejo de se expressar. Portanto, mesmo que sua expressão não seja vista com aprovação, ela não irá confundi-lo ou acabar com você.

Uma vez que tenha descoberto essa fonte de criatividade dentro de si mesmo, não há como perdê-la. Tudo o que quiser fazer, poderá ser feito. É até possível que um resultado não esperado se torne a melhor coisa que já fez. As pessoas, às vezes, encontram suas maiores invenções em seus erros, não no que buscam. Quando se está aberto para descobrir qualquer coisa, não apenas o que o ego espera encontrar, você experiencia uma sensação de possibilidades infinitas que não é limitada pela esperança de um resultado específico.

HUNG ~ O PODER DA INSPIRAÇÃO

Com o *A* e o *OM*, descobrimos a alegria do ser. Com o *HUNG*, nos conectamos com a alegria de estar no processo de fazer alguma coisa. Mas não é possível encontrar alegria verdadeira quando estamos vivendo com uma dor à qual não damos atenção. Tomar consciência da identidade de dor é necessário para descobrir que o ego não é tão sólido quanto parece. Quando o ego se dissolve, emergem novas possibilidades.

O terceiro potencial criativo no caminho para se expressar plenamente é o nascimento de qualidades positivas como amor, compaixão, alegria e equanimidade. Dentre estas, a alegria é uma das mais essenciais para a criatividade. Em um fim de tarde, quando estava tentando terminar um projeto importante, em vez de tomar café para aumentar minha energia, decidi refletir sobre todas as pessoas realmente maravilhosas da minha vida – imaginei o rosto de cada pessoa, senti seu carinho, seu amor, seu desejo de que coisas positivas acontecessem para mim. Não tinha sequer terminado de refletir sobre todos os que me vieram à mente e já fui tomado pela alegria. A beleza da presença dessas pessoas em minha vida me deu toda a energia de que precisava para terminar o trabalho que estava fazendo.

Se olharmos para o que pode ser apreciado em nossas vidas, veremos que há muito a ser notado; mas, muitas vezes, não olhamos para os lugares certos. Se não está sentindo alegria neste momento, algo está prendendo você. Pode ser que não esteja consciente disso, mas você está preso em seu corpo de dor, fala de dor ou mente de dor. Se nada fizer com que se lembre de mudar sua visão, os olhos de dor serão os olhos pelos quais você vê a vida. Quando não há nenhum estímulo interno encorajando-o, lembrando-o, dando-lhe um pequeno empurrão, você pode ficar preso à sua dor e, quando olhar através dos olhos de dor, verá apenas o que está errado. Aquele que está olhando está com dor e não consegue ver nenhuma felicidade. Você precisa estar consciente do espaço interno e acessar a alegria para poder ver o mundo de maneira mais positiva. É importante saber que existe outra maneira de olhar além de olhar através dos olhos de dor.

Vamos supor que você esteja se sentindo como se sentia na outra tarde: depois de um longo dia de trabalho, está cansado e só quer parar de fazer o que está fazendo. Nesse momento, pode até mesmo se ouvir murmurando um mantra familiar: *não vejo a hora disso acabar*. Essa voz interna se torna mais e mais alta e, fisicamente, você sente tensão no corpo. Possivelmente estará contraindo o abdômen, prendendo a respiração e repetindo incessantemente, *não vejo a hora disso acabar*. Você está agora dando mais energia à dor de querer que o projeto acabe do que ao próprio projeto. Pior ainda, nem percebe que está drenando sua energia. Mas, no momento em que se torna consciente do que está fazendo consigo mesmo, poderá parar. Pode ficar quieto e estar presente com a dor em seu corpo. Pode trazer a atenção para o silêncio interno e ficar presente com a fala da dor que está criando. Se você se mantiver presente com a experiência que está tendo, é possível sentir uma mudança. Mas se simplesmente acolher a dor e pensar que é normal sentir esse desconforto, você está com problemas. É essencial perceber que está sofrendo antes de poder parar.

Portanto, quando se torna consciente de que está sofrendo, o que deveria fazer? A instrução é: *não faça nada*. Basta trazer sua atenção para o espaço dentro de você e ao seu redor. Apenas sinta o espaço. Isso é o A. A fonte da criatividade é o espaço sagrado que pode ser acessado a qualquer momento – parando e sentindo a quietude, ouvindo o silêncio ou tomando consciência da espaciosidade. A fonte está bem aqui. Você só precisa trazer sua atenção para ela neste momento. É preciso mudar o foco da atenção e exercer a intensidade certa de atenção para mudar sua energia e descobrir a fonte interna. Esse é o primeiro potencial criativo. Confie nessa possibilidade.

Mas talvez você mude sua atenção para a quietude e não aconteça muita coisa. O que fazer, então? Você está consciente da abertura, mas sua conexão com ela não é forte o suficiente. Precisa permanecer presente à abertura o tempo suficiente para descobrir o segundo potencial criativo – o *OM* – a conexão com a fonte, a vivacidade do espaço sagrado do ser. Quando sente essa conexão, começa a ter confiança. Você não está mais conectado apenas à sua dor por meio de sua resistência ao que está sentindo ou expressando. Quando traz sua atenção para a quietude, ela automaticamente afrouxa a conexão com a resistência. A abertura do ser torna-se disponível e, nessa abertura, surge um novo sentido de si mesmo.

Se antes você se sentia bloqueado, agitado, resistente, agora sente-se conectado e vivo. É possível que não consiga sentir essa mudança imediatamente ou toda vez que praticar. Se você não tiver essa experiência, talvez pense que precisa se esforçar mais. Essa é a abordagem errada. Para descobrir o terceiro potencial criativo – o poder da inspiração – simplesmente seja. Se reconhecer o espaço e reconhecer a consciência, a alegria emergirá. Às vezes, a experiência da alegria é intensa; às vezes, é sutil. De qualquer forma, a semente da inspiração está lá.

Uma semente deve estar no solo certo para germinar. Se você plantar uma semente de inspiração no solo da dor, ela não se desenvolverá. Essa semente precisa de espaço ilimitado e consciência infinita como solo para crescer. Você deve manter sua inspiração na consciência aberta. Quando se coloca uma semente na terra, ela precisa do calor do sol para brotar. Digamos que uma semente precise de 10 horas do calor do sol para brotar. Enquanto o sol está brilhando sobre o solo, ele não fica dizendo *"estou ficando um pouco estressado aqui esperando que algo aconteça. Já faz oito horas. Sinto que há alguma resistência a toda essa história de germinação.*" Você acha que o sol diria isso? O sol, o ar ou a água ficariam estressados? Claro que não. Então, se você mantiver uma inspiração ou intenção no espaço e no calor do ser sem impaciência e, simplesmente, permitir sentir o calor da consciência aberta, será apenas uma questão de tempo até que a semente brote. É preciso paciência. Cada segundo de calor contribui para que a semente cresça mais. Não se trata de esperar por um resultado específico, mas sim de se maravilhar com o processo. O processo em si é sagrado e pleno de alegria. Nesse processo, você descobre o terceiro potencial criativo: o poder da inspiração.

Conforme lê este texto, você está conectado ao primeiro potencial criativo? Sente o espaço do ser ou está sentado em sua dor, em sua velha almofada de dor cármica, meio estragada? Vê a infinita possibilidade em qualquer momento, ou está secretamente focado no que não está acontecendo em sua vi0da? Sente alegria espontânea ou fica pensando, *"Não está acontecendo nada"*? Você tem a opção de mudar sua atenção do que não está funcionando para o que é possível. Pode abrir seu foco para as possibilidades infinitas que existem dentro de você. A partir daí, as qualidades que podem mudar sua vida surgirão. Isso não é um faz de conta. É uma mudança de percepção que pode ocorrer aqui e agora.

Quando sente resistência, precisa se voltar àquele que está resistindo, àquele que sempre percebe o que está faltando em cada situação ou que sempre espera que algo mais aconteça. Se você se conscientizar de sua resistência, em vez de se concentrar no que acha que deveria estar fazendo ou no resultado que deseja, mude sua atenção para dentro. Encontre a identidade de dor, esse *eu* que está criando a resistência.

Muitas vezes, quando percebemos que estamos procrastinando ou nos distraindo, pensamos: *o que há de errado comigo? Esse é realmente um ótimo projeto; por que não consigo fazer isso?* Não se envolva nesses pensamentos. Acolha seu desconforto, sua dor, sua evitação. Abrace sua experiência com braços de espaço, luz e calor. Sua dor irá responder de uma maneira completamente diferente. Quando você não está nem negando sua dor, nem se entregando a ela, ela se libera por si só.

Meditação: **Descobrindo o poder da inspiração**

Encontre uma posição que o ajude a se sentir confortável e desperto. Descanse a atenção na quietude do corpo. Deixe a mente se assentar, apoiada pelo foco na quietude. Ao experimentar a sensação básica da abertura do ser, ouça o silêncio interno. Ao ouvi-lo, repouse sua atenção na experiência do silêncio. Deixe os sons dentro e ao redor de você serem como ondas no profundo oceano de silêncio no qual você descansa.

Conecte-se com o frescor da consciência. Simplesmente esteja consciente de ser.

Traga esse senso de abertura e consciência para o chacra do coração. Libere qualquer esforço e descanse. Deixe seus pensamentos serem como são. Sem segui-los ou reprimi-los, permaneça na consciência aberta.

Quando notar que foi capturado por um pensamento ou imagem, abra seu foco e descanse na abertura. Permita que o espaço de seu ser o apoie. Esteja consciente do espaço.

Enquanto descansa, é possível que sinta um bem-estar. Você está calorosamente presente, conectado à fonte interna de criatividade. Esteja consciente dessa bondade, desse calor. Permita que o calor de sua presença o nutra plenamente enquanto descansa. Sinta esse calor em todo o seu ser. Esse calor é o fogo da criatividade, da inspiração. Permita que a chama da energia da inspiração se acenda dentro de você.

Permaneça nessa experiência enquanto ela mantiver seu frescor.

Dedique o mérito de sua prática com a aspiração: ao libertar meu próprio ser, possa eu beneficiar os outros.

Essa sensação de bem-estar, esse calor natural, é o terceiro refúgio interno, o corpo de grande bem-aventurança. O centro energético do coração nos ajuda a experienciar essa sensação de bem-estar e o calor das qualidades positivas. Nos ensinamentos Bön e budistas, essa dimensão sagrada do ser é o nirmanakaya, a manifestação da iluminação para o benefício dos outros.

Conectados ao refúgio interno, podemos transformar o corpo de dor, fala de dor ou mente de dor em expressão criativa que beneficia os outros. Ao se conectar com o centro de seu coração, você pode trabalhar com os obstáculos que surgirem em sua vida. Para trabalhar com obstáculos, sugiro que ofereça ao seu corpo de dor, fala de dor ou mente de dor um abraço espaçoso, luminoso e caloroso. Todos nós entendemos o que é um abraço. Como seres humanos, precisamos de conexões espirituais, sociais, emocionais e físicas para florescer. A metáfora de oferecer um abraço à sua experiência está diretamente relacionada aos ensinamentos sobre o refúgio interno. Um bom abraço precisa ser aberto e espaçoso, a primeira qualidade do refúgio interno. Mas existem grandes diferenças em como você experimenta a conexão física e energeticamente. Todos nós já recebemos alguns abraços abertos e convidativos, e outros que pareciam superficiais. Dar-se um grande abraço requer estar aberto à sua experiência e, especificamente, à sua dor.

Em um bom abraço, a conexão é fundamental. Consciência é conexão. Luminoso se refere à consciência. Para transformar sua dor, você deve se conectar com ela e com a abertura de seu ser. A consciência nua é essa conexão. Portanto, em relação à sua dor, você precisa estar aberto e consciente.

O terceiro aspecto de um abraço é a qualidade ou o calor da conexão. Não é como se duas pedras estivessem se encontrando. Alguns abraços têm uma abundância de calor, outros têm pouco; o grau de calor é determinado pelo nível de luminosidade e de conexão. O nível de conexão depende de quão abertas estão as pessoas que se abraçam. A qualidade do calor vem da profundidade da conexão e a profundidade da conexão depende de quão aberto ou espaçoso você está. Espaçoso, luminoso e caloroso são qualidades interligadas, conectadas, interdependentes.

O *eu* que precisa ser abraçado obviamente não é seu verdadeiro *eu*, mas a identidade de dor que você sente que é. Abraçar esse *eu* de dor é uma parte necessária do processo de transformação. A identidade de dor deve ser reconhecida com consciência aberta, não recebida com julgamento ou expectativa. Você precisa encontrar aquele que está sofrendo sem tentar manipular, mudar ou punir essa identidade de dor.

No budismo, falamos sobre ter compaixão por todos os seres sencientes. Do ponto de vista budista, o sofrimento vem da ignorância com respeito à nossa verdadeira natureza – da falta de autorrealização. Sofremos porque não compreendemos quem realmente somos, não porque somos inerentemente pecadores. Essa não é uma visão punitiva, mas uma visão de compaixão.

Se olharmos para nós mesmos através dos olhos da compaixão quando sofremos, quando estamos perdidos, veremos que esse *eu* perdido que está sofrendo precisa de aceitação, de cuidado e de amor, não de expectativas, julgamentos ou críticas. No entanto, quando ouvimos nossas vozes internas, elas geralmente são muito críticas. Isso não ajuda na transformação. Nosso sofrimento precisa de reconhecimento e de compaixão. Nos ensinamentos Dzogchen, a maneira de reconhecer o sofrimento está claramente definida. Nós não alimentamos o ego que sofre criando um outro ego mais inteligente que diz: "Ah, eu vejo que você está sofrendo. Eu lhe darei compaixão." Em vez disso, o calor, o espaço e a luminosidade da mente natural atendem o sofrimento diretamente. Isso não alimenta o mecanismo do ego.

Então, primeiro é necessário reconhecer que você tem uma dor – vendo e sentindo, sem criticar a si mesmo. Você precisa acolher sua dor e aquele que está sentindo a dor. Se você se conectar com a quietude enquanto experiencia a dor e a identidade de dor, a quietude o ajudará a conectar-se direta e intimamente com a experiência real desse momento. Além disso, a quietude irá ajudá-lo a sentir-se espaçoso. Um abraço espaçoso não é agarrar ou autoagarrar. Não é contrair ou segurar, mas acolher, abrir, limpar, libertar. Você não tem nem mesmo uma expectativa: "Ah, espero que essa dor vá embora". Você está presente e aberto no momento, consciente do que é e não tentando modificar ou manipular coisa alguma porque o espaço do qual você está consciente permitirá que sua dor se liberte – se autolibere. Sua consciência ilumina o espaço. Mas se você julgar ou criticar a si mesmo por estar com dor, não há calor. Não é um abraço caloroso – é um abraço malvado, um abraço frio.

É estranho esperarmos reconhecimento e cordialidade dos outros, mas não oferecemos isso a nós mesmos. Queremos que os outros sejam gentis conosco, mas não somos gentis com nós mesmos. Continuamos nos ferindo por meio de falas internas negativas. Portanto, em vez disso, permaneça aberto sem esperar nada. Tome consciência de seus pensamentos e sentimentos como eles são, sem julgá-los, permitindo-se sentir o calor da bondade. Quando você olha diretamente para sua experiência e para o *eu* que surge nesse momento, a identidade de dor se torna menos fixa, menos sólida, porque você não está mais alimentando-a com seus pensamentos ou julgamentos. Um novo espaço se abre em você. E quando se conecta com esse espaço recém-surgido, sua consciência evoca calor e bondade. Essa gentileza não é um produto do esforço, mas o resultado natural da abertura e da consciência. Às vezes, são suficientes 10 ou 20 minutos de meditação para testemunhar a dissolução da dor e sentir o surgimento do calor.

Mas nossa dor, uma vez reconhecida, não é nosso foco principal. Agora precisamos levar a consciência para a fonte, não para as aparências. Muitas tradições espirituais nos instruem a estarmos atentos às aparências, mas falta a instrução para estarmos conscientes da fonte. Quando você está meditando, é claro que é preciso ter consciência dos pensamentos, sensações ou emoções que estão surgindo. Se está ansioso, é importante estar consciente de que você está sentindo ansiedade. Mas o poder da meditação não vem apenas da consciência da ansiedade, mas também da conexão com a fonte da ansiedade. A fonte não é o evento – a presença de ansiedade. Pelo contrário, é o espaço do ser. A orientação é estarmos conscientes desse espaço, estarmos conectados a ele. Quando se conecta ao espaço, você é capaz de acolher a ansiedade. Você está consciente do espaço e da ansiedade. A ansiedade é impermanente e mutável, mas o espaço do ser é imutável. Quando você está conectado à fonte imutável, o que quer que surja nesse espaço, ao final, se dissolve. O espaço do ser é o melhor remédio.

> **Meditação: Oferecendo à sua identidade de dor um abraço caloroso, espaçoso e luminoso**
>
> Encontre uma posição confortável. Tome consciência de sua respiração. Permita que sua respiração sirva de apoio para que você possa liberar o esforço. Descanse sua atenção na quietude do corpo. Através da quietude do corpo, tome consciência da quietude interna, da quietude do ser. Descanse nessa experiência. A quietude do ser é um refúgio, um espaço sagrado.
>
> Tome consciência do silêncio interno. Enquanto respira, deixe a expiração ajudá-lo a liberar qualquer fala de dor. Expire essa fala de dor. A cada expiração, descanse mais profundamente no silêncio interno. Escute e ouça o silêncio, sinta o silêncio, tenha consciência do silêncio. Continue a usar cada expiração para liberar qualquer tendência a se envolver em diálogos internos. Descanse, apoiado pelo silêncio interno. À medida que o poder das vozes internas de distraí-lo diminui,

a consciência fica livre de pensamentos. Desperto e presente, permaneça nesse silêncio.

Agora traga sua atenção para o espaço em torno de seu coração. Expire a tendência de se envolver em pensamentos, distrações ou dúvidas. A consciência da respiração pode dissipar os pensamentos como o vento move as nuvens, dando acesso ao espaço ilimitado do céu. Sinta o céu interior, o espaço sagrado no interior, enquanto dissipa os pensamentos com a respiração.

Descanse, consciente da quietude interna, do silêncio interno e da espaciosidade interna. Esses três servem de apoio para você repousar profundamente no espaço sagrado do ser, em seu verdadeiro eu.

Conectado a essa fonte interna, gradualmente tome consciência de algo em sua vida que o esteja perturbando. Pode ser que esteja passando por uma doença ou dor física, um desafio emocional ou dificuldade com um ente querido ou um desafio no trabalho. Simplesmente tome consciência de uma área da sua vida onde esteja sentindo dor. Tome consciência de como essa dor vive em seu corpo. Tome consciência de qualquer tensão e de qualquer sensação. Tome consciência do diálogo interno – da fala de dor – e de quaisquer emoções que possam estar presentes. Tome consciência dos movimentos de sua mente – pensamentos e imaginação. Deixe a quietude, o silêncio e a espaciosidade ajudá-lo a ficar presente e a sentir sua experiência plenamente. Dessa forma, você acolhe sua dor.

Sem ignorar e sem exagerar a dor ou seu senso de eu, conecte-se com a presença do espaço ilimitado, da consciência pura e do calor genuíno. Tenha consciência de que sua experiência de dor pode mudar ou desaparecer, mas não tente fazer nada com sua experiência além de estar consciente da presença de abertura, consciência e calor.

O poder de ser curará aquele que está sentindo dor. A luz da consciência curará a escuridão da dor. O calor de sua presença é um calor curativo. Descanse nessa experiência.

Como uma mãe carinhosa atendendo às necessidades de seu filho, veja e sinta sua dor como se fosse seu filho e traga atenção plena e amorosa à sua dor segurando nos braços de espaciosidade, consciência e calor. A consciência é a mãe. Sua dor é a criança, imatura e precisando de apoio. Sinta a bondade amorosa, o cuidado e a compaixão que surgem do espaço sagrado do ser e permita que a cura aconteça.

À medida que a dor diminui e os bloqueios desaparecem, mais espaço se abre. Repouse sua atenção aí. Desse espaço claro, você experienciará um novo sentido de ser. Uma sensação de calor ou de bem-estar surgirá. Permita-se sentir o calor. Sinta-se pleno de gentileza, cuidado, calor e compaixão. A bondade emerge do espaço sagrado do ser como a água pura brota da terra. Deixe as águas da bondade saciarem sua sede.

Dedique o benefício de sua prática a todos os seres que estão sofrendo ou que estão em processo de cura, com a aspiração de que encontrem seu caminho para a liberação. Mantenha essa aspiração em seu coração ao repetir: ao libertar meu próprio ser, possa eu beneficiar os outros.

Quando a experiência de estar bloqueado, preso ou com dor começa a ser liberada, você pode ter um sentimento de perda: Quem sou eu se não for a minha luta? Você se sente perdido sem a força motriz do esforço para melhorar a si mesmo. Mas você consegue deixar a sensação de perda tornar-se a porta para um novo espaço? A inspiração, o fogo sagrado da criatividade, não vêm da luta, mas da própria abertura.

Descobrir algo quando se perde alguma coisa é o desafio. Nos sentimos mais vivos na presença do ego. Quando o ego se vai por um momento, bocejamos e perdemos o interesse. Mas podemos descobrir alguma coisa aqui. Isso demanda força para permanecer presente e atenção por tempo suficiente para descobrir algo no espaço em que você está sentindo a perda ou a desorientação. Mas se permanecer presente e honrar esse espaço com sua atenção aberta, a energia virá. De acordo com os ensinamentos, energia – visão criativa – vem da união de abertura e consciência. Mas, muitas vezes, desistimos cedo demais nesse processo. Desanimamos. Mudamos o foco de nossa atenção para alguma outra coisa, qualquer outra coisa. Em vez de desviar nossa atenção, precisamos reconhecer a perda ou a desorientação como o lugar para descansar nossa atenção. Quando fazemos isso, o fogo criativo desperta. Meu professor me aconselhou muitas vezes: Naquilo que você não encontra, permaneça. Em outras palavras, temos que confiar nesse espaço e nos envolver com a consciência por tempo suficiente para a inspiração despertar.

Há uma história tradicional nos ensinamentos tibetanos na qual um aluno é enviado para procurar um iaque. O aluno volta no horário especificado e diz ao professor: "Sinto muito. Não encontrei o iaque." Ao que o professor responde: "Você encontrou a ausência do iaque!" A maioria dos estudantes pensaria que falhou na tarefa de buscar o iaque. Poucos perceberiam que não encontrar um iaque seria um resultado digno de nota e diriam: "Procurei por um iaque e encontrei algo mais interessante do que ele. Encontrei a ausência do iaque!" Encontrar o espaço do ser pode acontecer quando você procura o ego, o *eu*, e sua experiência de não encontrar nada sólido é forte o suficiente para convencê-lo de que, no fundo, você está livre. Naquilo que você não encontra, permaneça.

No processo de descobrir o espaço e a consciência – a ausência do iaque – você pode começar a perder a intensidade do foco. Por que isso acontece? Porque seu ego, sua imaginação de dor, foi a maneira principal pela qual você experienciou a sensação de vivacidade e agora está perdendo isso. Você pode ficar desorientado ou entediado porque nada parece estar acontecendo. Tradicionalmente, o obstáculo da meditação, neste momento, é chamado de falta de força. Você sente uma falta de presença na ausência do ego. Mas é só quando perde o ego que consegue encontrar o *eu* autêntico. Quando mantém o foco, a vivacidade e a consciência na ausência do ego, você experiencia a presença autêntica. E, nessa presença, você encontra bom humor e confiança porque as forças da esperança e do medo não o dirigem mais. É assim que o fogo criativo sagrado se inflama. Você é inspirado pela liberdade que sente e pelo desejo de ajudar os outros.

RAM ~ O PODER DO AMADURECIMENTO

O quarto estágio no caminho para realizar seu potencial criativo é reconhecer a prontidão. Isso significa ver o potencial de expressão em qualquer situação. Tudo é possível. Há uma história sobre dois homens que vão a um novo país para tentar vender sapatos. A maioria das pessoas naquele país andava descalça ou usava sandálias simples. Então um dos homens pensa: *Você não vai ter sucesso vendendo sapatos aqui porque ninguém neste país usa sapatos*. Mas o outro homem pensa: *Este é o melhor lugar para vender sapatos porque a maioria das pessoas neste país ainda não está usando sapatos! O mercado está completamente aberto!*

Veja a diferença entre essas duas pessoas. Elas vão para o mesmo lugar para vender o mesmo produto; uma vê infinitas possibilidades, enquanto a outra vê apenas obstáculos. Uso essa história para mostrar que não é o *que* estamos olhando, mas *quem* está olhando que determina o resultado. Em qualquer momento podemos refletir: *Através de que olhos estou olhando?* Quando estou olhando através dos olhos da carência ou da insegurança, vou ver obstáculos. Quando o medo olha para o mundo, ele só descobre inimigos. Quando a tristeza olha para o mundo, descobre a perda. Quando a mente criativa olha para o mundo, vê possibilidades. Ver as possibilidades em qualquer momento é o quarto potencial criativo.

Pode ser que você esteja sentado em meio a uma vida que não se expressa. Você pode ter sentimentos calorosos pelos outros, mas não expressa; ideias e visões que não são concretizadas; projetos que não se completam. Muitas vezes, como exercício, faço uma lista do que, em minha vida, está quase pronto para acontecer, que só precisa de um pouco de energia ou atenção de minha parte para ser concluído. Tome consciência das coisas ao seu redor que estão prontas para serem expressadas, mas que não estão acontecendo porque você não apreciou esse estado de amadurecimento. Quando você está totalmente consciente das coisas que estão nesse estado de quase pronto, não precisa fazer muito esforço. Só tem que dizer, Sim! e fazer.

Talvez você viva com alguém com quem se importa profundamente. Mas quando foi a última vez que você expressou o calor da conexão que sente? A conexão está viva e o amor está presente, mas você simplesmente não expressou. Quando ensino meditação, muitas vezes enfatizo esse aspecto de expressar os resultados da prática. Sugiro que meus alunos levem a atenção para os lugares certos – por exemplo, para seus entes queridos. Depois de apenas algumas sessões de meditação, as pessoas choram porque percebem que têm sentimentos que não expressaram. É incrível ver seus corpos relaxando, suavizando e seu campo de energia mudando quando percebem que não prestaram atenção à conexão com aqueles que amam. Por que negligenciamos isso?

Muitas vezes estamos tão ocupados focando as pessoas com as quais temos problemas que negligenciamos as que realmente amamos. Mas, se gastarmos nosso tempo com pessoas problemáticas, não teremos como nutrir o amor que já está aqui. Estamos nos concentrando no lugar errado. O que às vezes acontece é que começamos a perder os bons sentimentos pelas pessoas que amamos.

Relacionamentos precisam de cuidado e atenção. Eles precisam da água de nossa bondade, do fogo de nosso humor e de nossa alegria, do ar de nossa curiosidade e de nosso interesse, da terra de nosso calor de conexão. Se uma planta em casa não for regada, ela morrerá. Em todos os momentos da sua vida, existe um potencial criativo que está morrendo por falta de atenção. Portanto, você não está apenas deixando de realizar o que quer, como também está perdendo o que tem. Isso é muito triste.

O quarto potencial criativo descobre as possibilidades nas quais você tem inspiração, mas não realizou. Se refletir sobre sua vida, poderá ver ideias, inspirações, esforços e relacionamentos que estavam vivos, mas que agora estão definhando. Eles tinham um potencial incrível, mas como resultado de você não ter dado atenção suficiente, eles não se completaram. Tome consciência do que está presente em sua vida agora. Não fique pensando no que passou. É mais importante ver o que precisa de sua atenção agora para que você possa se dedicar novamente e não perder sua inspiração e sua visão.

Por que somos tão atraídos pelo que não está funcionando em nossas vidas? Quando algo não está funcionando, tendemos a insistir nisso. Pensamos sobre isso e falamos sobre isso e, depois, tentamos não pensar sobre isso e nem falar sobre isso. Mas, de qualquer forma, não abordamos o sujeito – aquele que está pensando e falando. Em vez disso, nos dirigimos ao objeto – nossos pensamentos. O foco não deve estar no que não está funcionando porque, ainda que mudemos o foco, nossa angústia encontrará uma maneira de se expressar. Pode ser que encontre uma maneira melhor, mais agradável, mais sutil, mais complexa, mais pessoal ou mais sofisticada, mas é tudo a mesma coisa: a imaginação de dor.

Como vimos, é sempre uma questão de quem, não do que, porque aquele que está pensando, está sentindo dor e a dor adora pensar sobre a dor. A dor precisa falar sobre a dor. A dor procura outros com dor. A dor busca o que é familiar – dor. A dor tem medo de situações desconhecidas como abertura e espaço ilimitado. Se você for capaz de reconhecer seu medo da abertura, poderá recorrer aos apoios que temos explorado e que estão sempre disponíveis – quietude, silêncio, espaciosidade – e abraçar o *eu* que está com medo. Você pode se revelar para aquele que sente dor e oferecer um abraço espaçoso, luminoso e caloroso. Quando sua identidade de dor sente o calor de sua atenção aberta, ela se dissolve. Quando você se dirige ao *quem*, apropriadamente, sua imaginação de dor cessa. O espaço se abre dentro de você e em sua vida. Você descobre o quarto potencial criativo – a pulsão e o fogo internos. A dor perde o poder de manter reféns suas qualidades positivas.

Como você pode defender e cultivar seu fogo criativo? Levando sua atenção aberta e calorosa para ele. Invista sua atenção nos lugares certos. Reflita sobre o que lhe traz vida. Fale sobre o que você ama em sua vida. Reflita sobre o que você ama em seus familiares. É tão fácil se concentrar e falar sobre o que não gostamos. Esse é, frequentemente, o caminho padrão.

Ouvi muitas histórias de vida bem detalhadas de meus alunos e, com respeito a alguns deles, nem sei quantos membros da família têm, porque só os ouço falar sobre uma pessoa – a irmã ou a mãe que parecem nunca amá-los e aceitá-los.

Quero ouvir sobre todas as pessoas que você ama. Quem encontra em seu trabalho? Você me diz com quem tem dificuldade, mas quero ouvir com quem você tem um bom relacionamento, com quem você trabalha bem, com quem gosta de colaborar. Vamos falar sobre o que está vivo em seus relacionamentos. Vamos falar sobre o que está vivo aos seus sentidos. Vamos falar sobre o que move e inspira você em sua vida. Se não refletir sobre o que lhe traz à vida, a conexão pode se perder. Toda vez que se lembra do que lhe traz vida, algo em você é ativado – mudanças ocorrem em seu cérebro, em seu corpo, em sua respiração. Reconhecer o que faz com que se sinta vivo traz energia positiva e alegria. Todos nós sentimos faíscas de inspiração e conexão, mas, muitas vezes, não as reconhecemos ou não refletimos sobre elas porque estamos muito ocupados.

Quando a alegria da inspiração e da conexão surgir, observe as qualidades que estão presentes. Você pode sentir liberdade, curiosidade, frescor e vivacidade. Pode se sentir energizado e inspirado. Quando isso acontece, a ação se dá sem esforço e se torna prazerosa. Em vez de drená-lo, suas ações lhe darão força.

Muitas vezes fazemos as coisas porque achamos que devemos fazer. E aí a vida se torna uma tarefa. Nos sentimos pesados, cansados. Não há espaço e nem luz; não sentimos entusiasmo e nem calor. De alguma forma, acreditamos que precisamos estar no controle para que a vida corra bem. O ego está sempre tentando tomar o controle. Mas se você seguir o caminho da inspiração em vez de seguir sua agenda, poderá descobrir que algo mais está disponível. Mas, primeiro, você tem que entrar nesse espaço do ser que é verdadeiramente ilimitado e confiar nele. Quanto mais investimos nossa atenção no espaço do ser, o que emerge dele é de uma qualidade muito diferente do que a nossa agenda sugere. Quando você entra nesse espaço, o ego não está sendo alimentado. Todas as formas do ego – pensamentos, sentimentos, ideias – saem do controle. Há naturalmente mais espaço e quando você nutre o espaço com sua consciência, surge um novo senso de si mesmo, com novos pensamentos e novas emoções.

Se você tem uma nova ideia que deseja expressar, basta fazê-lo. O que o impede? Há muitas razões pelas quais nos contemos. Podemos pensar: *pode não funcionar. Posso estragar tudo.* Não siga essas vozes. Apenas faça! Comece imediatamente. Não tenha medo do fracasso. Se algo funcionar, ótimo! Se não, tudo bem também. É muito mais divertido viver a vida com alegria do que ter medo de que algo não funcione. As coisas nem sempre têm que sair do jeito que você planejou. Se você olhar através dos olhos da abertura e do frescor, verá bondade no que quer que faça. Você simplesmente não se permitiu ver antes. O ego impediu isso. O ego tem uma visão estreita das coisas. Pense sobre respeito e apreciação por si mesmo, por exemplo. Alguém faz um elogio por algo que você fez, mas, muitas vezes, você responde: *Bem, eu dei sorte.* Ou, *estou mesmo surpreso por isso ter saído tão bem como saiu*. É como se sentíssemos que temos que qualificar nossos sucessos ou nos proteger do simples prazer de nossas realizações. Sentimo-nos muito nus, muito expostos. Precisamos abraçar nosso medo de sermos vistos, de sermos reconhecidos e não ouvir a fala de dor do ego.

As causas e condições para o surgimento de novos pensamentos são o espaço e a consciência. Como eles já existem dentro de você, nem precisa se esforçar muito para acessá-los. Apenas diga sim! para a nova ideia que surge. Quando sentir energia e inspiração, aja sem medo. Mesmo que seja uma ideia familiar que não tenha funcionado bem antes, mas você gostaria de tentar novamente, aja. Pode não funcionar desta vez também, mas sabe de uma coisa? Não precisa funcionar. Quando você dá à sua ideia o espaço para não funcionar, há uma chance maior de que *funcione*, que uma solução seja encontrada. Então, aja! Confie em sua inteligência interna. É espontâneo, improvisado. Dance! Reconheça a diferença entre o que surge intuitiva e espontaneamente e o que o ego manipula. Quando reconhecer a diferença, você vai dizer com todo o coração: sim!

Quando esses momentos acontecem em minha vida, não quero ser o obstáculo para o que a vida me oferece. Digo, *Vamos lá!* Quanto esforço é necessário para dizer sim ao convite de um bom amigo para jantar sábado à noite? Muitas coisas na vida não são mais difíceis do que isso porque as causas e condições certas já estão presentes. Mas, mesmo quando pensamos que um projeto é valioso, ele pode não se manifestar porque as causas e condições certas não estão presentes. Houve momentos em que tive dificuldade em implementar uma ideia, e não funcionou. Por que me sentiria mal? Nem tudo funciona. Dar energia a algo que não está funcionando ou não dar energia ao que está funcionando é infrutífero. Se você coloca energia no que está funcionando, muitas coisas podem fluir.

No momento em que você reconhece que as causas e condições estão apoiando sua visão, é seu compromisso que conta. Não resista. Veja algumas das decisões tomadas que mudaram o curso da sua vida. Você pode ver onde estava aberto, onde disse sim e algo aconteceu como resultado? Siga a trilha do sim. Não se debruce sobre o que não aconteceu, ou sobre o que poderia ter acontecido, mas não aconteceu. Lembre-se das vezes em que seguiu sua intuição e dirigiu sua atenção. Quando a intuição surge, mesmo que seja apenas um lampejo, sua atenção aberta irá alimentá-la. Um flash pode desencadear uma revolução. Dê o salto e diga sim!

Quando a faísca de uma ideia ou inspiração está viva em você, ela vem do espaço do ser, com uma consciência curiosa e livre. Mas, se deixar sua imaginação de dor interferir, a criatividade será bloqueada. Você ainda poderá agir, mas sua ação não será espontânea; estará amarrada a um resultado. Não pense em um resultado. Fazer o que você ama com espaço e calor é valioso e curativo por si só. O que importa é a vivacidade que você sente. Às vezes, produzimos algo de bom ao custo de muita dor. Isso é uma pena porque o que importa é o processo, não o resultado. Você pode ter momentos em que está feliz e se sentindo bem, e o que é expressado desse lugar é agradável. Pode ser uma refeição que você cozinha e compartilha com outra pessoa, ou uma caminhada que faz percebendo o vento soprando as plantas. Mas pode ser que não dê valor a essas experiências. Você não deveria fazer isso. É essencial proteger a integridade de seu processo com seus pensamentos sobre o resultado. O processo em si precisa ser valorizado. Não estou dizendo que não se deve ter uma meta, mas a meta não deve ser seu objetivo principal.

Sua mente que planeja e que é voltada para objetivos não deve ser responsável pela sua vida. Há quanto tempo você planeja ser feliz? Se analisar por que não está feliz no momento, talvez diga: *"Bem, agora estou no meio de um projeto"*. Você não pode ser feliz no meio de seu projeto? Se não pode, você está olhando de uma maneira errada, e pensando, *"quando terminar isso, serei feliz"*, ou *"quando chegar lá"*, ou, *"quando encontrar meu amigo"*, ou *"no fim de semana, terei algum tempo para ser feliz"*. Se você está no espaço correto, com a consciência correta e a perspectiva correta, pode ser feliz em qualquer lugar, em qualquer momento. Mesmo em situações em que acha que deveria sofrer, você pode se sentir bem.

Precisamos reconhecer os obstáculos ao fluxo criativo e eliminá-los, não alimentá-los com nossa atenção. A atenção precisa estar livre para se conectar com o frescor do momento, para se conectar com a abertura. Quando você está no fluxo criativo, surge uma intuição sobre como se mover ou falar espontaneamente. Espaço, luz, calor e entusiasmo estão presentes. Confie nisso. Não obscureça o momento com suas dúvidas e seus medos. Momentos de dúvida são sempre desafiadores. Quantas vezes você já teve a experiência de estar tão agitado que nem conseguia ver a bondade na bondade? Pense em uma situação que você acha desafiadora. Reconheça que é sua mente que está em conflito, não a situação. Se deslocar sua atenção para dentro e confiar nos suportes da quietude, do silêncio e da espaciosidade, conectar-se-á com o espaço interno e a luz, surgindo com uma visão diferente. O que achou que era impraticável não parece mais ser assim. Você vê possibilidades. Quando está aberto, você vê muito mais. Pode-se olhar para uma situação dolorosa através dos olhos de sabedoria e bondade e ver a luz e o calor dentro da dor.

Algumas vezes, quando estamos trabalhando em um projeto, temos que tomar uma decisão sobre algum detalhe e, de repente, pensamos que todo o projeto é inútil, que nada do que estamos fazendo realmente importa. Nesse momento, procuramos alguém para nos afirmar. Mas, em vez disso, você pode voltar sua atenção para dentro. Encontre abertura através da quietude, do silêncio ou da espaciosidade e, quando estiver conectado consigo mesmo, abrace a dor que está sentindo. Dê espaço, a luz da consciência e o calor da sua presença à dor. Se permitir que sua dor respire, ela naturalmente irá se exaurir e se liberar. Mas é preciso permanecer conectado a si mesmo durante todo esse processo e sentir o apoio do refúgio interno. À medida que a dúvida afrouxa suas garras, novas ideias podem surgir com fogo e entusiasmo. A qualidade desses pensamentos será diferente da qualidade dos pensamentos que você teve momentos antes. Depois de perceber isso, siga em frente. Você pode agir de um lugar claro e aberto.

Às vezes perdemos a conexão com nosso entusiasmo. Se você está fazendo pão, para que o fermento seja ativado e a massa cresça, é preciso manter o calor. Da mesma forma, para que sua inspiração criativa se transforme em expressão, você precisa manter o calor da consciência. Se perder o calor, o processo é interrompido. Além de não perder o calor da conexão, não há nada que precise ser feito. Através do esforço, muitas vezes forçamos o amadurecimento de algo que não está pronto. Assim, ficamos desapontados com o resultado ou com nós mesmos. Em vez disso, tudo que temos a fazer é manter a consciência e a conexão. Perdemos a consciência e a conexão porque nos distraímos. Precisamos ser mais focados e consistentes. Ao acordar e ver que o sol está brilhando, você pode sentir uma alegria simples, graças à beleza do dia. Pode sentir uma sensação de frescor e calor e, simplesmente, sentir-se bem. Mas, muitas vezes, esses bons sentimentos duram apenas até você começar a pensar em tudo o que precisa fazer. E, durante o resto do dia, nem sequer se lembra de se conectar com o céu, com a luz e com a abertura que sentiu antes. A alegria é passageira. O dia ainda pode estar lindo, mas a consciência dessa beleza durou apenas alguns instantes. Portanto, a chave para a alegria é lembrar de estar consciente do céu e da luz que você apreciou quando acordou. Manter a conexão com qualquer qualidade positiva é um processo de se reconectar de novo e de novo à fonte de abertura e frescor que está sempre disponível para nós.

> Meditação: **Descobrindo o poder de amadurecer**
>
> Encontre uma postura confortável com a coluna ereta e o peito aberto. Coloque as mãos no colo, na posição de equanimidade. Traga toda a atenção para a quietude das suas mãos e descanse sua atenção. Ao se estabelecer na quietude, libere qualquer marca de esforço a cada expiração. Conecte-se com a quietude em todo o corpo. Gradualmente, descubra a quietude do ser e descanse.
>
> Escute, ouça e sinta o silêncio dentro e ao redor de você. Permita que o silêncio o ajude a apenas ser. Liberte o impulso de falar consigo mesmo, a descrever sua experiência. Descanse apoiado pelo silêncio.
>
> Traga sua atenção para o espaço dentro e ao redor de seu coração, como se estivesse descobrindo a abertura do próprio céu. Repouse sua atenção na abertura, permitindo que todos os pensamentos, sentimentos, sensações e imagens sejam como são, sem segui-los e sem suprimi-los.
>
> Continue permitindo que cada expiração o ajude a liberar qualquer esforço de corpo, fala ou mente. Confie no refúgio do seu ser – o espaço ilimitado, a vivacidade da consciência, o calor da presença.
>
> Enquanto descansa, conectado ao centro do coração, tome consciência da sensação de bem-estar, do calor da presença. Comece a refletir sobre o que move você em sua vida, o que faz com que se sinta vivo, por meio dos sentidos. Observe o que toca seu coração em seus relacionamentos com os outros. Onde estão

> as faíscas de amor ou de alegria em sua vida? Dê tempo para perceber o que o inspira.
>
> Mude sua atenção para o chacra do umbigo. À medida que descansa sua atenção nesse lugar, continue investindo toda a sua atenção naquilo que está vivo em você. O calor de sua consciência aberta amadurece sua inspiração. Sinta o Sim! – um compromisso de nutrir o que o inspira. Continue a sustentar o espaço para a energia positiva, ideias e visões que possam surgir.
>
> Descanse sua atenção no chacra do umbigo enquanto a experiência se mantiver fresca.
>
> Dedique o mérito de sua prática com a aspiração: ao libertar meu próprio ser, possa eu beneficiar os outros.

Trabalhando com energia emocional

Nossa energia emocional pode nos levar a caminhos errados ou pode ser um combustível dinâmico para a expressão criativa. Através da meditação, podemos explorar nossas emoções e dar um abraço espaçoso, luminoso e caloroso aos nossos conflitos emocionais e assuntos mal resolvidos. Você sabe o que quero dizer com assuntos mal resolvidos? Estou me referindo a experiências de vida que permanecem mal digeridas. Nós nos afastamos deles ou os deixamos para trás porque eram desconfortáveis, ou porque éramos muito jovens ou nos sentíamos muito assustados ou sem apoio suficiente para integrá-los. Mas nossas experiências não digeridas não nos abandonam. Elas aparecem em nossos sonhos; aparecem em situações com que nos deparamos; aparecem como pessoas que entram em nossas vidas. De novo e de novo somos levados a lugares dolorosos que nos são familiares. A boa notícia é que podemos digerir adequadamente nossas experiências, permitindo que se tornem o solo rico de nosso crescimento e expressão contínuos.

Mais uma vez, o conselho para como meditar em relação a qualquer experiência emocional é: *deixe como está*. Meu professor repetia essa frase com frequência. Eu precisava ouvir isso de novo e de novo para integrá-la completamente em minha vida. Como podemos entender essa instrução essencial, esse ensinamento essencial? Vamos pegar a metáfora de um lago. Se a água de uma lagoa está agitada pelo vento, ela parece turva. Quanto mais vento, mais suja a lagoa parece. Mas se o vento acalmar, gradualmente a sujeira e os detritos voltam para o fundo da lagoa e a água se torna clara. Se não mexermos na lagoa, deixando-a como está, ela volta a ser transparente. Para a maioria de nós, no entanto, é difícil deixar como está. Quando temos sentimentos fortes, sentimos a necessidade de fazer alguma coisa, temos que cuidar de algo. É difícil para nós *deixarmos como está*.

Eu encorajo você a explorar e a confiar nesses ensinamentos antigos. Siga-os com o coração aberto e aplique-os sempre que precisar deles. Dessa forma, você vivenciará o que estou falando. Sua mente ficará clara e cristalina. Essa é a natureza da mente – sempre clara. A mente é como uma flor de lótus. Mesmo que o lótus tenha suas raízes no lodo, sua flor é imaculada. Tal como acontece com o lótus, o mesmo acontece com a mente. Não importa quanta confusão e dor estejam presentes, essa mente clara e imaculada pode ser descoberta em meio à confusão e ao conflito. Mas, muitas vezes, não estamos interessados em descobrir essa mente. Estamos mais interessados em falar sobre essa tal pessoa que está nos causando tantos problemas. Quando estamos atolados na dor interna, na confusão e no drama emocional, não olhamos para o espaço ou para a consciência que estão sempre presentes.

Nossa hesitação em nos expressar plena e criativamente na vida vem dos nossos conflitos emocionais ou de nossa dor mental. Basicamente, emoções negativas estão presentes porque não conhecemos nosso verdadeiro *eu*. Essa é a definição de ignorância. A partir dessa sensação básica de desconexão de nossa verdadeira natureza, surgem emoções negativas que nos fazem sofrer.

A natureza autoliberada das emoções

A ideia de deixar como está, em seu próprio lugar, é um belo conceito, uma bela prática. Se deixarmos uma emoção como está, ela se libertará sem qualquer esforço de nossa parte e, como resultado, seremos transformados. Por exemplo, se estou triste e plenamente ciente disso e deixo como está, a tristeza não consegue se sustentar. Mas o que geralmente acontece é que a tristeza desencadeia uma história e a história impulsiona a nossa imaginação. Antecipamos nossas futuras interações com os outros, influenciando nossa forma de agir e o resultado é mais confusão e mais dor. Dessa forma, tristeza, raiva e todas as outras emoções negativas são sustentadas. Pode até mesmo acontecer de, algumas vezes, você secretamente gostar de sua dor emocional; talvez tenha feito amigos através de sua tristeza compartilhada ou de sua raiva justificada. Mas você não está deixando como está. Está apegado à sua tristeza ou à sua raiva. Está dando muita atenção a isso, ou, mais precisamente, está prestando o tipo errado de atenção à emoção. Isso o vincula à emoção e bloqueia a expressão de outras possibilidades.

Existem muitos tipos de dor emocional. Às vezes, nossas experiências dolorosas parecem surgir de maneira muito aleatória. *Fiz papel de bobo. Por que sempre digo a coisa errada? Não pertenço a este lugar.* Essas parecem ser ramificações de uma insatisfação mais profundamente enraizada. Talvez você esteja se sentindo usado, maltratado ou rejeitado por um amigo, membro da família ou colega. Talvez essa sensação com respeito a si mesmo seja familiar. Esses sentimentos podem ter sido parte de sua vida por muitos anos. Talvez você reconheça uma dor profunda e familiar. Você pode rir às vezes, mas ainda sente a dor. Pode ir a uma festa, pode fazer seu trabalho, mas ainda carrega essa dor com você. A dor está profundamente presente. E sempre que tem uma oportunidade de conversar com alguém de sua confiança, essa dor surge. Você poderia conversar por horas sobre esse assunto porque sente que ela está firmemente enraizada. Se sentir que está realmente preso a feridas emocionais ou a dores profundas, é muito importante reconhecer essa dor adequadamente. Simplesmente discutir o problema não é reconhecê-la corretamente. Você pode até reclamar, ficar com raiva, imaginar uma vingança, mas isso não é verdadeiramente reconhecer a dor. Você precisa se aproximar de sua dor, sentir sua mágoa e dar a ela um abraço caloroso, espaçoso e luminoso. Pode ser que nunca tenha feito isso por não sentir apoio suficiente dentro de si mesmo; assim você continuou dando voltas em torno da dor, falando, reclamando, criticando e julgando. Muitas vezes você é o alvo de seu próprio julgamento, acrescentando mais dor à dor.

Quais são as experiências emocionais não digeridas que você carrega? Sua história é diferente da minha história. Sua história é diferente da história dela. Toda história é importante porque há um narrador daquela história que importa. Aquele que conta a sua história sente dor. Aquele que conta a sua história está buscando ajuda. Aquele que conta a sua história precisa de compaixão e bondade. A sua história é importante.

A prática da reflexão é o primeiro passo para curar a dor emocional. Não importa a situação que tenha evocado a dor – você precisa perguntar: *essa dor é familiar?* Assim você determina se a dor é apenas situacional ou se é algo que você carrega há algum tempo. Em seguida, você precisa perguntar: *Quem é esse que está sofrendo?* Dessa maneira você pode reconhecer plenamente a identidade de dor que você sente ser. Pode usar essa mesma pergunta para trabalhar com outras dores e lugares de aprisionamento. É possível encontrar experiências dolorosas em qualquer parte do relacionamento com você mesmo, com sua família e com a comunidade. Cada um de nós tem muitas experiências diferentes de *eu* e todas precisam de nosso respeito e de cuidado, mas elas não são quem realmente somos. De novo e de novo, essas identidades bloqueiam nossa criatividade e a expressão de nossas qualidades positivas. Essas profundas identidades de dor emocionalmente enraizadas continuam a nos bloquear porque não foram adequadamente encontradas e reconhecidas da maneira como vivem em nosso corpo, emoções e mente. Pode ser verdade que alguém tenha tratado você injustamente, mas a cura de uma identidade de dor acontece apenas dentro de você, por você. Você precisa assumir o compromisso de expor-se a si mesmo – de dar uma atenção calorosa, espaçosa e sem julgamentos à sua dor. Ao se revelar novamente e novamente, você ganhará a confiança de que o refúgio interno está sempre disponível para apoiá-lo.

Tomando as três pílulas preciosas para a dor emocional

Há muito a ser descoberto a partir dessa instrução essencial "*deixe como está*". Mas nem sempre é fácil segui-la. Sempre que tiver dificuldades com essa instrução, confie nas três pílulas preciosas. Elas irão apoiá-lo no desenvolvimento da capacidade de deixar como está. No momento em que você se torna consciente da dor emocional, quer esteja sozinho, envolvido com outra pessoa ou enfrentando um desafio profissional, tomar uma das três pílulas preciosas irá protegê-lo, acalmá-lo, conectá-lo e ajudá-lo a encontrar clareza e paz. Depois de tomar uma pílula preciosa, sua reatividade diminuirá gradualmente e sua dor poderá até desaparecer. Você sentirá liberdade interna. Portanto, do que você estará consciente? Do espaço. Nesse espaço, você sentirá frescor. Novas qualidades surgirão espontaneamente. Será capaz de experienciar gentileza, bondade e amor, sendo também capaz de dar um abraço espaçoso, luminoso e caloroso à sua identidade dolorosa. O remédio curativo da autocompaixão torna-se disponível.

Todos nós já tivemos a experiência de nos deixarmos levar pela emoção. Quando nossas emoções fazem escolhas por nós, nos sentimos vitimados pela dor. A prática da meditação tanto na almofada quanto fora dela nos dá apoio para permanecermos presentes com nossas emoções. Começamos a reconhecer o espaço interno que está sempre presente, mesmo quando as emoções são acionadas. Ao confiarmos nesse espaço do ser, descobrimos que temos escolhas.

Quando reconhecer que está sendo levado pela emoção, lembre-se de que você tem uma prática que pode ser feita exatamente nesse momento. Tomar uma pílula preciosa é uma ação que pode ajudá-lo a ficar presente com o que está sentindo e protegê-lo de reagir. Você será capaz de responder de um lugar mais aberto. Sua resposta poderá surpreendê-lo porque surge espontânea e genuinamente. É maravilhoso surpreender-se dessa maneira. Quando sentir as qualidades de calor, bondade e compaixão que surgem nesse momento, será capaz de dar um abraço espaçoso, luminoso e caloroso às suas emoções tão profundamente enraizadas. Essa poderá ser a primeira vez que sua dor emocional receberá algum reconhecimento e amor. Pode sentir a experiência tão fortemente a ponto de levá-lo às lágrimas.

DZA ~ O PODER DE MANIFESTAR

O quinto estágio no caminho para a realização de seu potencial criativo é o movimento ou o fluxo do amadurecimento à ação. Traga à mente alguém que você ama. Conecte-se com o amor e imagine uma ação simples que poderia ser realizada para expressar tudo o que sente por essa pessoa. Você consegue ver a relação entre atenção direta à qualidade que está presente – neste caso, amor – e a expressão dessa qualidade? Quando sente a presença de uma qualidade como o amor, com que frequência você expressa isso? A maioria de nós não faz isso com muita frequência. Como resultado, nosso potencial criativo não se realiza completamente.

Encorajo você a reconhecer quando uma qualidade como apreciação ou gratidão está presente em você e dar a essa qualidade uma voz, um gesto, uma expressão. Enquanto *RAM* amadurece, o fogo ou a visão criativa que é despertada no coração, o *DZA* nos ajuda a agir e a expressar. Portanto, agir é sua quinta prática. Mas, se você sente muita dificuldade para se expressar, seja para uma pessoa, em uma tela ou em um poema, ainda não é hora de agir. Se tentar expressar quando ainda não houver fogo, estará agindo por esforço, não por inspiração, e suas ações não serão espontâneas.

Então, o que fazer quando está despendendo esforços e reconhece que está desconectado da inspiração? Volte para o começo do mapa, para o *A*. Descubra o espaço dentro de você em relação à pessoa, à tela, ao poema. Se você não tiver espaço, não terá o *OM*, a conexão. Se não tiver a conexão, não terá *HUNG*, o fogo ou a inspiração necessária. Se não tiver a inspiração necessária, não terá *RAM*, a energia necessária. Se for esse o caso, de onde virá a ação *DZA*? Só poderá vir de seu esforço doloroso.

Quando a ação espontânea não estiver disponível, não force. Vá para o espaço interno, o refúgio interno. O refúgio interno é o remédio para todas as variedades de sofrimento. Seja qual for o problema, esse é o remédio. Desenvolver confiança nesse remédio é essencial. Quando você se conecta com o refúgio interno e descansa na consciência aberta em cada chacra, o potencial criativo desse centro é ativado.

> Meditação: **Descobrindo o poder de manifestar**
>
> Encontre uma postura confortável com a coluna ereta e o peito aberto. Coloque as mãos sobre o colo, na posição da equanimidade. Traga toda a atenção para a quietude das mãos e descanse sua atenção aí. Aos poucos, conecte-se com a quietude ao longo de todo o corpo, liberando a marca do esforço com cada expiração.
>
> Leve sua atenção para o chacra da coroa. À medida que descansa sua atenção nesse local e continua a se estabelecer na quietude, você gradualmente des-

cobrirá a quietude do ser. Nessa quietude há um presente – o espaço ilimitado do ser, a fonte da criatividade. Receba-o enquanto descansa na abertura nesse chacra da coroa.

Leve sua atenção agora para o chacra da garganta. Escute, ouça e sinta o silêncio dentro e ao redor de você. Permita que o silêncio o ajude a apenas ser. Libere o impulso de falar consigo mesmo para descrever sua experiência. Descanse apoiado pelo silêncio. Sinta a paz. Enquanto descansa, esteja consciente de ser. A consciência, livre de preconceitos, conecta você à abertura da fonte interna e revela possibilidades. Conecte-se com o presente que a consciência traz – as possibilidades.

Agora leve sua atenção para o espaço dentro e ao redor do seu coração, como se você estivesse descobrindo a abertura do próprio céu. Descanse sua atenção na abertura, permitindo que todos os pensamentos, sentimentos, sensações e imagens sejam como são, sem segui-los e sem suprimi-los.

Continue permitindo que cada expiração o ajude a liberar qualquer esforço de corpo, fala ou mente. Confie no refúgio do ser: o espaço ilimitado, a vivacidade da consciência e o calor da presença no coração.

Enquanto descansa, conectado ao calor no centro do coração, reflita sobre o que move você em sua vida, o que faz com que se sinta vivo através dos sentidos, o que o toca em seus relacionamentos com os outros. Onde estão as faíscas de amor ou de alegria em sua vida? Dê tempo para reconhecer o que o inspira.

Leve sua atenção agora para o chacra do umbigo. À medida que descansa sua atenção nesse lugar,

> continue investindo toda a sua atenção naquilo que está vivo em você. O calor de sua consciência aberta amadurece sua inspiração. Sinta a sensação do Sim!, um compromisso de nutrir o que o inspira. Esteja aberto à energia positiva, às ideias ou às visões que possam emergir.
>
> Agora leve sua atenção para o chacra secreto. À medida que descansa sua atenção nesse chacra, todos os poderes criativos de abertura, consciência, inspiração e amadurecimento fluem para esse centro. Continue a liberar qualquer esforço ao permitir o fluxo dessa conexão. Sinta a capacidade para expressar sua vida plenamente. Permita o fluxo de pensamentos, imagens ou visões que apoiam essa expressão. Aprecie o presente da sua vida.
>
> Descanse nessa experiência enquanto estiver fresca.
>
> Dedique o mérito de sua prática com a aspiração: ao libertar meu próprio ser, possa eu beneficiar os outros.

Exploramos como nossos padrões habituais de reatividade – nossas identidades de dor – nos impedem de acessar o espaço livre e aberto de nossa mente natural e as qualidades positivas que estão disponíveis para nós em qualquer momento. Podemos preparar as causas e condições para manifestar nossas qualidades positivas, mas o fruto, o benefício de nossa prática, surge espontaneamente. Agora, com DZA, não estamos mais curando nossas identidades de dor e desenvolvendo nossos talentos. Estamos ativamente expressando nossos dons e vivendo nossas vidas em sua plenitude.

A meditação não é uma prática passiva, mas envolve nossa atenção e nossa energia criativa. Como vimos, ela tem o poder de provocar uma mudança positiva profunda. Nosso compromisso agora é com a ação. Para facilitar o processo de integrar os benefícios da meditação na vida cotidiana, desenvolvi uma prática de quatro etapas que meus alunos e eu achamos eficaz na transformação de obstáculos que impedem a expressão criativa. Recomendo que você registre o processo em um diário para que comece a reconhecer as mudanças positivas que ocorrem, mas que poderiam ser ignoradas ou descartadas.

Uma prática de transformação de quatro etapas

I. Reflita

Identifique uma oportunidade de transformação: uma situação, relacionamento ou experiência na qual você se torna reativo e uma identidade de dor está ativa. Talvez você se sinta entediado ou desconectado. Talvez sinta-se preso a uma situação dolorosa e continue repetindo isso em sua mente. Talvez esteja falando repetidamente consigo mesmo e com os outros sobre isso. Talvez sinta seu corpo pesado ou agitado. Faça uma pausa. Volte sua atenção para dentro. Tire um momento para estar presente com sua experiência pois ela se mostra em seu corpo, fala e mente. Observe o que está chamando sua atenção mais fortemente quando você se senta com essa experiência. Observe qualquer sensação em seu corpo. Tome consciência de como sua respiração pode ser afetada. Existe algum diálogo interno? Existe uma história que você repete para si mesmo? Reflita sobre qualquer sensação de limitação de si mesmo que você percebe neste momento. Essa sensação a respeito de si mesmo é familiar para você? É um padrão que se repete em sua vida? Reconhecer sua reatividade se torna uma oportunidade de transformação à medida que você a traz para sua prática de meditação.

2. Identifique o que lhe dá apoio

Depois de reconhecer sua reatividade, identifique o que lhe dá apoio simplesmente por estar presente com sua experiência. Se seu corpo estiver agitado, a quietude pode ser o apoio de que você precisa; então, concentre sua atenção na quietude de seu corpo. Se sua respiração estiver perturbada ou você estiver falando consigo mesmo, o silêncio interno pode ser o apoio de que você precisa. Descanse sua atenção no silêncio interno – escutando, ouvindo e sentindo. Se sua imaginação está ativa com histórias ou cenários, lembre-se do apoio da espaciosidade da mente. Abra sua atenção para o apoio do céu da mente. A abertura ajuda você a deixar que os pensamentos e movimentos de sua mente sejam como são. Conforme você os deixa simplesmente ser como são, eles são naturalmente liberados. Quando se sente reativo, outro apoio é descansar sua atenção em cada um dos chacras e acolher sua identidade de dor com abertura, consciência e calor.

3. Descreva a progressão da prática

É importante começar sua prática de meditação sem uma programação. Reserve algum tempo para soltar qualquer esforço em seu corpo, fala e mente, e simplesmente sinta o apoio da quietude, do silêncio e do espaço. Então, ao se conectar com o refúgio interno e com a sensação de bem-estar, lembre-se de um desafio ou de uma identidade de dor e acolha esse desafio ou essa identidade de dor em sua prática. Ao acolher esse desafio em sua prática, observe quaisquer mudanças que ocorram com o tempo. Quando o desafio surgir em sua vida diária, essa é uma oportunidade para a prática informal, para tomar uma das pílulas preciosas. Registrar suas experiências em um diário de meditação, formal e informal, ajudará você a honrar seu caminho. Isso reforça sua intenção e sua capacidade de encontrar o potencial criativo em qualquer momento, especialmente em meio às dificuldades.

4. Resultado

Conforme sua vida segue, observe qualquer mudança em sua experiência. Existe alguma liberdade ou abertura onde anteriormente você teria sido reativo ou crítico? Percebe uma maior sensação de bem-estar ou a presença de alguma qualidade positiva? Sente-se capaz de se expressar ou de se manifestar de uma forma que antes não era possível? É importante nunca forçar um resultado. Em vez disso, observe quando as mudanças acontecem espontaneamente. Deixe-se surpreender agradavelmente pela sensação de espaço ou confiança que você começa a sentir ou as qualidades positivas que emergem. Anotar essas mudanças em seu diário continuará a iluminar o caminho da descoberta.

É importante apreciar as mudanças positivas que você sente ao continuar praticando com os desafios da sua vida. Uma transformação é qualquer mudança positiva ou mudança de comportamento experimentada como resultado de refletir sobre um desafio ou dificuldade e aplicar as práticas de meditação formal e informal. Reações habituais e identidades de dor podem se mostrar em relação a você mesmo, sua família e antepassados, sua profissão ou o mundo em geral. Para mudar sua relação com as condições que encontra, você precisa sentir o gostinho da qualidade indestrutível do espaço do ser. Essa compreensão final do refúgio interno é essencial. Isso irá ajudá-lo a reconhecer o senso de *eu* que você está vivenciando. Ao acolher sua experiência, ela se torna uma porta de entrada para a fonte criativa do ser. Conectado a essa fonte, você será capaz de expressar sua vida de forma espontânea e criativa.

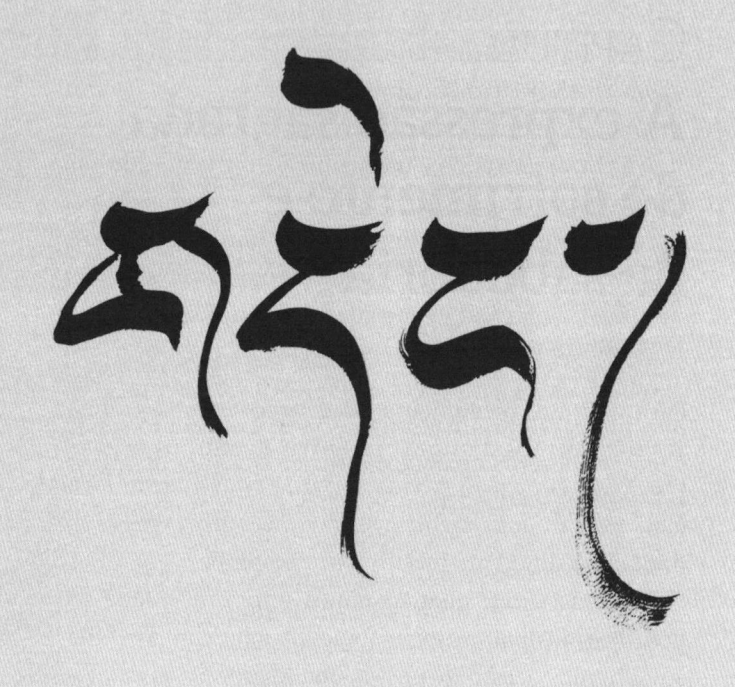

DING – Confiança

Capítulo 4
A expressão sagrada do sofrimento e da sabedoria

Para vivermos plenamente, precisamos expressar nossos sentimentos, tanto os positivos quanto os negativos. Caso contrário, a vida se torna circunscrita. Fica mais difícil nos envolvermos com outras pessoas; pode ficar difícil até mesmo para respirar.

Mas, às vezes, quando temos uma dificuldade de nos abrirmos para o ser, ela não é totalmente liberada e não temos acesso às nossas qualidades positivas. Ficamos presos. Isso não significa que há falta de poder de cura no espaço sagrado. Significa que nos perdemos no caminho para o refúgio interno e não recebemos o remédio do curador interno, da fonte interna. Nossa conexão com a abertura não é estável o suficiente.

Quando somos obstruídos dessa maneira, podemos ter medo de expressar nossos bloqueios pois, muitas vezes, eles estão presos a sentimentos de vergonha ou culpa: *eu não devo sentir raiva. Eu não que-*

ro machucar ninguém. Eu deveria ser uma pessoa melhor. Mas nem tudo está perdido. É possível aprender a expressar emoções negativas ou conflitantes sem ferir a si mesmo e nem qualquer outra pessoa nesse processo. O desafio é expressar o que você está sentindo da maneira certa. O problema não é a forma que sua expressão assume, mas o espaço do qual você se expressa. Se tiver feito conexão com a quietude, com o silêncio e com o espaço, quando se sentir bloqueado emocionalmente, você poderá liberar seus sentimentos com segurança através de movimentos, voz, escrita ou outros meios de expressão.

Há uma prática tradicional no Bön chamada rushen, na qual o praticante vai para um lugar remoto para liberar com segurança os sentimentos bloqueados. Lá, o praticante pode fingir ser um tigre ou um rato, imitando seus sons e movimentos, permitindo que os sentimentos reprimidos apareçam. Ressoar com as vibrações energéticas do animal libera energias bloqueadas. Mas não é preciso rugir como um tigre ou se esconder como um rato para liberar bloqueios emocionais. Dançar, pintar, escrever, esculpir, cozinhar, cantar ou cuidar do jardim – qualquer coisa que mova sua energia – pode ser uma forma poderosa de liberação. Você pode usar qualquer habilidade ou inclinação que tenha como veículo para expressar emoções. Dessa forma, você consegue reconhecer e honrar sua tristeza ou sua solidão e dar voz à frustração ou ao sentimento de injustiça.

Quando você libera emoções, particularmente as negativas, é essencial reconhecer o espaço que se abre à medida que os sentimentos são liberados. Desse espaço surgirão qualidades positivas. E expressar sentimentos fortes não é apenas uma liberação para você; pode até ser um presente para os outros. É profundamente comovente testemunhar uma expressão de emoção genuína, seja de tristeza ou de alegria.

Criei duas práticas, a arte do rushen e a arte do tögel, baseadas nos métodos tradicionais tibetanos de liberar bloqueios emocionais e de se conectar com o estado puro e aberto do ser. Na arte rushen, expressamos emoções reprimidas ou outros bloqueios do refúgio interno, o lugar da quietude, do silêncio e da espaciosidade. O refúgio interno é o espaço seguro que nos apoia na conexão com a confusão ou com o caos interno; em seguida, os liberamos através de alguma forma de expressão. Quando liberamos os bloqueios, um novo espaço se abre. A arte do tögel nos permite expressar as qualidades positivas que surgem espontaneamente do novo espaço que se abriu através da arte do rushen.

Rushen vem da frase tibetana *kor de rushen*. *Kor* significa samsara, a mente ou o ego que se fixa, o *eu* impuro; *de* significa nirvana, o estado iluminado, o *eu* puro; *rushen* significa separar, distinguir, esclarecer. *Kor de rushen* refere-se especificamente a separar o samsara, o *eu* impuro, do nirvana, o estado aberto do ser que é a nossa mente natural. A prática de rushen envolve exercícios para limpar o *eu* impuro e se conectar com o *eu* puro. A prática de tögel, que significa literalmente saltar ou atravessar, envolve expressar a espontaneidade e a vivacidade do *eu* puro.

Para a maioria de nós, o samsara e o nirvana não são separados, não são claramente distintos um do outro – estão entrelaçados. Somos todos fundamentalmente iluminados em nossa essência; mas, ao mesmo tempo, o ego, a mente apegada, está sempre presente. Sempre que o ego está envolvido, a mente fica fechada, agitada ou embotada, o que nos impede de ver nossas qualidades sagradas internas. Quando estamos abertos, temos mais acesso ao nosso ser sagrado. A arte do rushen limpa o *eu* impuro e nos permite vislumbrar o *eu* puro. A arte do tögel nos permite expressar plenamente nossa verdadeira natureza.

A arte do rushen e a arte do tögel são consideradas artes sagradas porque nos aproximam de nossa natureza essencial. Com essas práticas, trabalhamos muito profundamente, descobrindo o que é intocado ou negado. Na arte do rushen, permitimos nossa abertura para o que está oculto e nossa conecção com sentimentos que estão suprimidos, não expressos, inconscientes, limitados ou bloqueados. Apoiados pelo refúgio interno, nos permitimos ver essas emoções com clareza e expressá-las com habilidade. Quando os bloqueios são liberados, as qualidades positivas, que estão abaixo deles, são reveladas. Expressar essas qualidades positivas é a prática da arte do tögel.

Com a arte do rushen, até as emoções negativas e sombrias ganham voz. Você aprende a expressar qualquer turbulência com consciência, calor e bondade para consigo mesmo. Suprimir emoções e ficar aprisionado por bloqueios é como se colocar em um quarto escuro sem espaço e sem ar; você se sente sufocado. Liberar esses sentimentos é emocionalmente libertador e curativo.

A prática da arte do rushen

Não existe uma prescrição ou um meio ideal para expressar emoções reprimidas através da arte do rushen. Você pode escolher qualquer forma que seja atraente. O primeiro passo na prática do rushen é conectar-se com as emoções bloqueadas que precisam ser expressas. Comece esse processo com uma reflexão. O que é importante para você neste momento de sua vida? Existe algo que está tentando realizar? Está reformando sua casa ou reestruturando sua empresa? Está desenvolvendo um relacionamento com alguém – ou um relacionamento melhor com você mesmo? Está resolvendo um conflito? Talvez esteja buscando felicidade ou paz de espírito ou tentando ser mais amoroso. Talvez queira melhorar sua saúde. Talvez, ao refletir, perceba que quer passar mais tempo com seu filho. Talvez queira ajudar os outros, mas se sente bloqueado e não faz nada nesse sentido. Talvez sinta-se desconectado dos outros ou de si mesmo.

Observe se há qualidades positivas com as quais você não está se conectando. Talvez esteja sentindo falta de energia ou incapacidade de agir. Falta-lhe inspiração? É incapaz de criar ou de imaginar ou de se relacionar, falar ou até mesmo de sentir? Você pode nem perceber que está carregando emoções e sentimentos reprimidos, intocados ou bloqueados.

Observe a presença ou ausência de fluxo em sua vida e, sentindo-se confuso ou preso, traga sua atenção para o sentimento de aprisionamento. Localize essa energia presa em seu corpo e respire nela. Fique com ela. Tire um tempo para reconhecer algo em sua vida que não está funcionando, onde você está se sentindo bloqueado, onde não está se conectando, onde não está sendo capaz de se comunicar. Você tem consciência de sentir medo, falta ou dúvida? Tem consciência de conversas internas negativas? Está sustentando identidades de dor, seja com palavras ou imagens? Está consciente de experiências ou memórias complexas que não foram totalmente digeridas ou integradas em sua vida?

Reconhecer sua dor ou seu medo é essencial nessa prática, mas isso não significa que você precise analisá-la. Em vez disso, significa estar em contato com a forma como a dor ou o medo vivem em você – como você a vê e sente. Você pode até ter uma conversa com ela. Mas não precisa forçar a consciência. Apoiado pelo refúgio interno, você pode tomar consciência dos bloqueios sem analisá-los. Quando mantém a conexão com sua experiência como ela é, emoções e sentimentos difíceis terão espaço para emergir.

Acolha o que está sentindo e conecte-se a isso. Dar espaço aos seus sentimentos é como ser uma mãe amorosa que sustenta um espaço seguro no qual seu filho pode chorar. Ela não interfere na frustração ou na tristeza da criança e nem a pune por expressar sentimentos fortes. Apenas sustentando o espaço para a criança e permitindo que seus sentimentos surjam, quando a tempestade termina e a energia do acesso de raiva se dispersa, surge uma criança que é livre e alegre. Oferecer a proteção necessária e permitir que a energia se mova é fundamental. É isso que o refúgio interno proporciona quando nos sentimos presos. A cura acontece quando sustentamos esse espaço com consciência e nos permitimos sentir.

Talvez você já tenha uma boa noção de algo dentro de você que precisa ser sentido, expressado e liberado. Ao se abrir para esses sentimentos bloqueados ou reprimidos, preste muita atenção a eles. Reconheça-os, familiarize-se com eles, conheça-os intimamente. Ao se conectar profundamente com esses sentimentos, você sente alguma necessidade de se mover, de produzir um som, de desenhar ou de escrever? Talvez sinta vontade de pintar, fazer música, esculpir, cozinhar ou costurar. Meu conselho é: não apresse esse processo. Fique com o que está sentindo – converse com ele, dê voz, descubra como ele quer se expressar. Em vez de entrar imediatamente em ação, sente-se com sua decepção, com sua tristeza, com sua raiva. Conecte-se com suas energias emocionais no espaço sagrado e ouça.

Às vezes, as emoções reprimidas são bloqueadas em uma parte específica do corpo. Nesse caso, você poderia liberá-las dançando com elas ou expressando-as por meio de alguma outra forma de movimento. Se as emoções foram suprimidas energeticamente, você poderá liberá-las com a respiração. Ou você poderia cantar ou dar voz a elas na segurança do refúgio. Talvez precise desbloquear emoções através de uma expressão da mente. Se, por exemplo, está tentando pintar a partir de uma imagem, ideia ou memória que contém uma carga emocional, você pode se conectar com a quietude, o silêncio e a espaciosidade até que as emoções comecem a se mover. As emoções podem ser canalizadas através do pincel e tinta em uma tela, transformando-se em uma obra de arte cheia de cores.

Quer você libere emoções bloqueadas através do corpo, da fala ou da mente, a energia emocional está sendo expressada de forma criativa. E, com essa expressão, você pode sentir, *Uau, que alívio, que liberdade, que libertação!* Esse sentimento de libertação é o gosto do nirvana. Através de sua expressão, você se separou do *eu* impuro e se conectou ao *eu* puro que havia sido obscurecido. O *eu* que você não quer está agora na tela ou na página; o *eu* que você quer está dizendo, *Uau!* Quando um *eu* se vai, o outro está esperando para ser encontrado. Tudo isso pode ser sentido dentro de você. O *eu* puro, o *eu* que você havia perdido, está esperando por você para conhecê-lo. Separar o ego do seu verdadeiro ser, samsara do nirvana, é o benefício da expressão do rushen.

Através da arte do rushen, toda expressão de tristeza ou de dor torna-se arte sagrada, se for expressa a partir do refúgio interno. Há uma distinção importante a ser feita entre arte sagrada e arte comum. Se tentar praticar a arte do rushen a partir de um lugar que não seja o refúgio interno, seu ego agitado estará no comando, o que significa que não há quietude. Muitas vozes confusas o guiarão e, portanto, não haverá silêncio. Sua ideia do trabalho será limitada e, dessa forma, não haverá espaço.

Há artistas que não são estáveis ou equilibrados em sua expressão. Podem ter estudado em uma escola de arte, estudado história da arte e desenvolvido facilidade com a técnica, mas não têm experiência em fazer arte sagrada. Vejo algumas obras de arte que me fazem pensar se sua execução ajudou o artista. Mas, se a inspiração vem da fonte, sua expressão será transformadora e poderá levar o artista a um novo lugar. Precisamos ter cuidado para não produzir a arte unicamente a partir de nossa agitação, confusão, contração e limitação – o lugar do ego. O fundamento da arte sacra é a conexão com o espaço do ser, com a luz da consciência e com o calor da compaixão – o refúgio interno.

A expressão do rushen é uma maneira poderosa de fazer arte. Através desse processo, você é capaz de curar feridas internas, liberar bloqueios e libertar-se de quaisquer emoções e pensamentos congelados que o aprisionaram. O benefício da prática do rushen é que ela separa a emoção negativa das qualidades positivas, a sensação de desconexão da conexão, a ignorância da realização. Como qualquer trabalho terapêutico profundo, a prática do rushen separa o *eu* claro do *eu* obscuro, permitindo que seu *eu* mais claro seja encontrado através da prática da arte. Eventualmente, quando sua obra de arte estiver consistentemente conectada ao refúgio interno, a prática do rushen será uma maneira de encontrar não apenas seu *eu* mais claro, mas seu *eu* verdadeiro. Nesse ponto, sua prática se torna a arte do tögel.

Prática da arte do tögel

Enquanto a arte do rushen nos permite limpar o *eu* impuro e nos conectar com o *eu* puro, a arte do tögel expressa diretamente o *eu* puro. Através da expressão, o *eu* puro ganha vida não só para você, como para os outros e para o benefício de todos os seres.

A prática da arte sagrada pode envolver tanto o rushen quanto o tögel. Não é preciso pensar neles como duas práticas separadas. Por exemplo, se você está trabalhando com um medo profundamente reprimido, primeiramente conecte-se com as três portas: da quietude, do silêncio e da espaciosidade. Então, quando sentir o apoio do refúgio interno, permita que o medo apareça e se mostre de forma nua. Quando o medo surgir, comece a expressá-lo por meio da forma que tiver escolhido. Essa é a prática do rushen. Quando o medo se transforma em expressão, você começa a se sentir livre. Sente o gosto da libertação. Sentir-se livre dessa maneira dá origem à confiança. Não a confiança no sentido convencional, mas a confiança na vivacidade do ser. Você se sente vivo e plenamente presente. À medida que continua a experienciar a espaciosidade e a consciência, você pode expressar essa vivacidade com a arte do tögel. Separando o medo da confiança na arte do rushen, essa confiança agora é expressa na arte do tögel. Dessa maneira, a arte do rushen e a arte do tögel fluem juntas como uma jornada ininterrupta e contínua.

Confiança não é a única qualidade a ser descoberta no processo de criação da arte do tögel. Qualidades positivas como amor, alegria, compaixão, equanimidade, abertura, generosidade, força e poder também emergem. À medida que as qualidades descobertas através da prática do rushen e do tögel se expressam, elas podem ser integradas à sua vida. Tornam-se parte do seu corpo, fala, mente, relacionamentos, trabalho e serviço. No passado, pode ser que tenha sentido confiança em algum grau, mas talvez ela não estivesse disponível quando você precisava. Se não der voz à confiança, se ela não encontrar uma maneira de se manifestar, ela não transformará sua vida, o mundo ou qualquer situação em que você se encontrar. A arte do tögel traz à tona suas qualidades positivas, aperfeiçoadas e iluminadas, fazendo com que você se sinta completo e vibrante. Suas qualidades positivas não estão mais ocultas; elas estão vivas em você e podem ser expressas.

A primeira etapa desse trabalho é eliminar os bloqueios. Não é possível descobrir o amor sem eliminar a raiva, por exemplo. No segundo estágio do trabalho, você se conecta com uma qualidade positiva emergente e dá expressão a ela. Manifestar qualquer uma das qualidades positivas é a essência da arte do tögel. Quando descobrir a alegria, por exemplo, encorajo você a expressá-la da forma que se sinta mais confortável. Se tiver a habilidade de escrever, deixe que seja o caminho para expressar sua alegria. Se você gosta de dançar, deixe que seja esse o seu caminho. Se a resolução de conflitos é sua profissão, sua obra de arte pode ser a descoberta de novas maneiras de unir as pessoas para resolver desentendimentos. Toda expressão positiva pode ser transformadora, trazendo benefícios para você e para os outros.

A vontade de expressar é, em si, uma experiência libertadora. Mas é preciso ser flexível com respeito à maneira particular com que se expressa. Você pode pensar, *eu tive problemas com minha mãe por anos, mas sinto amor agora e estou ansioso para expressar isso a ela*. Esse é um bom impulso; mas, se por trás dessa voz, estiver o pensamento, *desta vez minha mãe me receberá bem e não será tão crítica*, você não está aberto. Pode decidir ir em frente e expressar amor a ela de qualquer maneira, mas esteja ciente de que há expectativas e que o resultado pode ser doloroso, caso ela não responda da maneira que você quer.

Da mesma forma, ao criar uma obra de arte, é importante não ter ideias fixas. Não presuma que a dança que você achou libertadora há 20 anos terá o mesmo efeito hoje. Não é o produto que faz com que a arte seja sagrada. É o artista e o processo pelo qual ele produz a arte que a torna uma expressão das qualidades iluminadas. É importante não ser muito focado em metas nesse processo e nem exigir que o resultado seja exatamente esse ou aquele. Quanto mais você se conectar com abertura, consciência e calor, mais autêntica será sua expressão. Se você se fixar em um único resultado, será difícil encontrar uma resolução satisfatória. Esteja aberto para encontrar múltiplas possibilidades. Você está em um caminho espiritual e muitas coisas podem acontecer. Seja flexível e veja como as coisas fluem. Esteja aberto para ser surpreendido pelo resultado da sua prática.

Embora a arte do rushen e a arte do tögel formem um único processo, pode ser que haja momentos em que não consiga fazer a transição da prática do rushen para a prática do tögel. Quando seu ego, sua mente apegada, é muito forte, ele pode se intrometer, com medo de cometer um erro, de não fazer um bom trabalho. Ou você pode ficar obcecado com o resultado, perdendo assim o frescor do momento presente. Quando isso acontece, significa que você não está conectado ao refúgio interno – espaciosidade, consciência e calor. Se tentar praticar essa arte quando não estiver conectado, o ego irá interferir. Sempre que sentir que o ego está tentando assumir o controle, tome uma das pílulas preciosas – quietude, silêncio ou espaciosidade – antes de retomar o processo de arte.

Bloqueios criativos

E se você se sentir bloqueado em sua expressão criativa? E se não souber o que dizer, escrever ou cantar? Se não houver espaço interno, a criatividade não fluirá. Mas quando há fluxo, a inspiração pode surpreendê-lo; é como encontrar um tesouro.

Quaisquer que sejam os bloqueios que descobrimos em nós mesmos, podemos ver a energia usada para sustentá-los. A raiva, por exemplo, não consegue se sustentar sem a pessoa que está com raiva. No refúgio profundo, o *eu* que sente raiva não existe; portanto, a raiva não pode ser sustentada. Quando experiencia o espaço sagrado na ausência da raiva, você sente a luz interna, o calor, a presença reconfortante e o amor pelo mundo inteiro. Esse sentimento o encoraja a ser criativo. Expressar a luz interna ilumina a escuridão dentro de você e toca os outros. Essa expressão é o trabalho do bodisatva no mundo.

Quando estiver bloqueado, você pode recorrer às sílabas sagradas A OM HUNG RAM DZA para destravar o potencial criativo de cada chacra. Entoar uma sílaba enquanto concentra sua atenção no chacra correspondente, ativa a energia desse centro ajudando-o a abrir os bloqueios, permitindo que eles sejam liberados. Ao entoar a sílaba A, de novo e de novo, enquanto descansa sua atenção no chacra da coroa, você experiencia o poder de abertura. Entoar a sílaba OM, de novo e de novo, enquanto descansa seu foco no chacra da garganta, conecta você com a consciência do potencial ilimitado. Entoar o HUNG, de novo e de novo, enquanto descansa sua atenção no chacra do coração, acende o fogo da inspiração. Entoar o RAM, de novo e de novo, enquanto descansa sua atenção no chacra do umbigo, apoia a prontidão – uma atitude de *Sim! Vamos fazer!* E entoar o DZA, de novo e de novo, enquanto descansa seu foco no chacra secreto, o impulsiona para a ação.

Surgem qualidades positivas e, se antes você se sentia bloqueado, agora começa a sentir a presença dessas qualidades em sua vida. A imaginação é ativada; palavras e ideias fluem. Há vivacidade em seu corpo. Quando uma qualidade está ativa e viva, não importa qual seja a forma da sua expressão, deixe fluir. Quando está aberto e consciente e as qualidades positivas amadurecem em você, as ações se dão sem esforço. A ausência de esforço é uma característica da arte sagrada.

A arte sagrada não é sagrada por ser bonita – embora possa ser – mas porque surge do espaço sagrado ilimitado e reflete as qualidades do refúgio interno. A arte sagrada tem uma qualidade pura e espaçosa; é cheia de luz, consciência, clareza e alegria. Cada obra de arte captura um momento do ser ou corporifica um modo de vida. Mesmo uma expressão estranha pode ser sagrada se sua intenção for pura. Talvez o que for expressado não faça muito sentido por não ter sido claramente articulado, mas se houver abertura e calor em sua expressão, a qualidade sagrada estará lá. Por outro lado, sua criação pode ser bonita e executada com maestria, mas se não houver abertura e calor, o sagrado não estará presente.

> Meditação: **Apoiando a arte do rushen e a arte do tögel**
>
> Sente-se em uma posição confortável com a coluna ereta e o peito aberto. Tome um tempo para se acomodar.
>
> Conecte-se com as três pílulas preciosas: quietude do corpo, silêncio da fala, espaciosidade da mente. Tome um tempo para se conectar.
>
> Traga sua atenção para a coroa no topo da sua cabeça e, em seguida, leve-a lentamente para o centro do seu corpo, deixando que sua atenção descanse em cada chacra. Faça algumas inspirações completas, profundas e frescas em cada local. À medida que desce pelo centro do seu corpo, de chacra para chacra, permita que cada expiração ajude a liberar qualquer tensão, ansiedade ou preocupação que você esteja trazendo para esse momento.
>
> Em seguida, permita que sua atenção permeie todo o seu corpo. Descanse na quietude, no silêncio e na espaciosidade do ser. Sinta a permissão para apenas ser.
>
> Agora, reflita sobre um obstáculo à expressão que você esteja sentindo em sua vida. Ao se conectar com o bloqueio, observe qualquer tensão em seu corpo, qualquer vibração interna ou qualquer outra resistência ou dificuldade de expressão. Tome consciência de histórias ou imagens que possam estar presentes.
>
> Mais uma vez, começando pela coroa, traga sua atenção para cada chacra, sucessivamente. À medida que descansa sua atenção em cada centro de ener-

> gia, observe como você sente o bloqueio nesse local. Entoe a sílaba correspondente a esse chacra três ou mais vezes. Na coroa, entoe o A; na garganta, OM; no coração, HUNG; no umbigo, RAM; no chacra secreto, DZA. Deixe o som se mover através de você e de qualquer bloqueio que estiver sentindo. Descanse sua atenção na plenitude de sua experiência antes de passar para o próximo chacra.
>
> Tome consciência do espaço que se abre em cada chacra. Descanse no frescor ali presente. Observe qualquer qualidade que se torne disponível. A alegria está disponível? Confiança? A vibração de cada sílaba que você entoa apoia a liberação da energia bloqueada, a consciência de uma nova sensação de espaço e o surgimento de qualidades positivas.
>
> Quando você se conecta com uma qualidade que emerge, sua consciência a nutre e a amadurece. Permaneça consciente da qualidade positiva enquanto continua a meditar.
>
> Descanse na riqueza da qualidade pelo tempo que sua experiência se mantiver fresca.
>
> Dedique o mérito de sua prática com a aspiração: ao libertar meu próprio ser, possa eu beneficiar os outros.

Nessa meditação, você se familiariza com o processo de acolher um bloqueio na consciência aberta. Encontrar e liberar a energia ou a emoção que está bloqueada é a essência da prática do rushen. À medida que percebe o frescor que se torna disponível, sua consciência contínua alimenta a qualidade positiva que surge. Expressar essa qualidade beneficia você e os outros. Essa é a essência da prática do tögel.

Inspiração para o despertar

A maneira como você se conecta com o espaço fundamental do ser na prática de tögel transforma sua realidade. O mundo não parece mais estar a seu favor ou contra você. Quando sua conexão com o ser é estável, você vê sem se desconectar de si mesmo, fala sem se desconectar e se move sem se desconectar. Você vê aquilo que é. E o que é, é sempre perfeito.

A meditação a seguir o ajuda a ver a perfeição em todas as coisas.

> Meditação: **visão pura de abertura, consciência e calor**
>
> Feche os olhos e volte sua atenção para dentro. Tome consciência da quietude, do silêncio e da espaciosidade. Tome um tempo para se acomodar.
>
> Descanse na quietude do ser, no silêncio do ser e na espaciosidade do ser.
>
> Agora traga sua atenção para o coração. Conecte-se com o espaço sagrado em torno de seu coração. Sinta a vivacidade da consciência. Sinta o calor da presença. Permaneça nesse local. Permanecer na vibração de seu coração é um remédio.

> Imagine canais sutis de luz conectando seu coração aos seus olhos. Sinta o espaço, a consciência e o calor sagrados de seu coração subindo para os seus olhos. Sem perder sua conexão com a espaciosidade, a consciência e o calor, tome consciência desse movimento interno. Descanse, sentindo a vibração.
>
> Agora abra seus olhos. Sinta a vibração se movendo através de seus olhos, iluminando tudo o que é percebido por você. Veja a vivacidade do mundo ao seu redor. Permaneça aí.
>
> Repita esse processo começando com a vibração em seu coração; mas, desta vez, quando abrir os olhos, imagine que você está vendo alguém que lhe causou dor. Você é capaz de experienciar o sagrado no outro?
>
> O outro é o espaço sagrado. O outro é a luz da consciência. O outro é o calor da conexão. Neste momento, você está vendo a fonte sagrada no outro. Você está vendo a luz na escuridão. Você está vendo o sagrado na matéria.
>
> Dedique o mérito de sua prática com a aspiração: ao libertar meu próprio ser, possa eu beneficiar os outros.

Essa prática faz a conexão entre quietude e ação, silêncio e fala, mente e forma. Apoia a manifestação sagrada, mudando a realidade experienciada por você. Quando falamos em mudar a realidade, precisamos primeiro perguntar: o que é a realidade? Sabemos agora que aquilo que percebemos não é sólido e nem fixo; está mudando constantemente. E quando percebemos a impermanência de nosso senso de identidade, isso é transformador. Olhe para seu parceiro, seu vizinho, um estranho ou para a natureza. Agora observe a si mesmo. O que você sente? Não seja muito analítico sobre isso. Apenas traga sua atenção e tome consciência de si mesmo nesse momento. É muito mais poderoso olhar para si mesmo do que fixar sua atenção em outra pessoa, porque a maneira como você se percebe determina como percebe os outros. Quando é capaz de descansar no espaço dinâmico do ser, as circunstâncias ao seu redor podem mudar e as pessoas podem se expressar de várias maneiras sem afetar sua estabilidade.

Por outro lado, quando se desconecta do espaço fundamental e imutável do ser, você projeta insegurança sobre o que quer que surja. Sua reação se baseará na maneira como você se sente. Quando está conectado ao espaço fundamental do ser, você experimenta a vida de uma maneira diferente. Tenho certeza de que você experiencia a vida de maneira diferente hoje do que quando era criança. Por mais forte que seja a evidência de um senso de *eu* em constante mudança, muitas vezes não adotamos essa visão. Em vez disso, tentamos constantemente proteger nossa experiência do *eu*. Nunca temos sucesso nisso porque não estamos levando a atenção para o lugar certo – perceber a quietude do ser, o silêncio do ser, a espaciosidade do ser. Quando nos familiarizamos com a estabilidade inerente do refúgio interno, o que fazemos, dizemos e percebemos não nos separa do refúgio.

O resultado de descobrirmos o espaço sagrado que habita nosso coração, se move nos canais e surge nos objetos, é vermos a beleza em tudo e em todos. Não experienciamos nada além das três dimensões perfeitas da espaciosidade, da consciência e da vibração das qualidades. Nós vemos o espaço, a luz e o calor em todo lugar. Nas tradições Bön e budista, isso é conhecido como o surgimento dos três kayas: dharmakaya, ou corpo da vacuidade; sambogakaya, ou corpo de luz; e nirmanakaya, ou corpo da grande bem-aventurança. Através das três portas do corpo, fala e mente, podemos experienciar essas três dimensões puras da existência.

No sofrimento, no entanto, estamos mais familiarizados com o oposto dessas dimensões. Fixamo-nos ao que é errado ou imperfeito e criamos um senso de identidade constelado em torno do nosso sofrimento. Experienciamos o mundo como uma expressão do nosso conflito e da nossa dor. Podemos ter experiências incríveis de abertura e alegria, mas continuamos a nos deter no que nos perturba. A prática da visão pura nos permite mudar o objeto do nosso comprometimento: o de criar uma continuidade de sofrimento para descobrir a continuidade da lucidez. Levamos consciência para a base da abertura, da consciência e do calor no coração e permanecemos ali. Quando estabilizamos nossa conexão com essa base do ser, o movimento não afeta nossa estabilidade. Nós nos movemos, mas não estamos desconectados do espaço fundamental e imóvel do ser. Nós vemos, mas essa visão não afeta nossa conexão com a abertura, com a consciência e com o calor do ser.

Uma das situações em que você pode ter a experiência de ver o sagrado no outro é quando se apaixona. Inicialmente você vê o outro como um ser incrível. Quando passa o tempo com o ser amado, o mundo parece aberto e cheio de possibilidades. Mas não é interessante que a mesma pessoa incrível se torne uma decepção quando sua visão muda? Como é possível passar da beleza que viu inicialmente para o que está vendo agora? Você começa a encontrar motivos: decepções, mágoas. Mas, fundamentalmente, a mudança aconteceu porque você perdeu a conexão com a abertura do seu coração. Se não tivesse perdido a conexão, provavelmente ainda estaria apaixonado, seguiria apreciando o ser amado.

Quando percebemos algo como se estivesse "lá fora", não percebemos sua conexão com o espaço do nosso coração. As aparências nos levam a perder essa conexão. Praticamos a meditação da visão pura para nos conectarmos com a abertura do ser, descansando no espaço do coração, depois nos movendo para os olhos e, então, para o mundo ao nosso redor conforme surge. À medida que permanecemos conectados à abertura do coração, à beleza, ao amor e à alegria dentro de nossa mente natural, vemos essa bondade refletida no mundo ao nosso redor. Experienciamos o poder da consciência para mudar nossa realidade.

Encorajo vocês a explorarem isso – como você sente sua família e amigos íntimos, seu ambiente de trabalho e o mundo natural. Veja como você pode mudar uma situação, não através de suas ações, mas mudando sua percepção. Dessa forma, você descobrirá como a alegria pode surgir em meio ao sofrimento e a esperança pode emergir em lugares sem esperança, e como o surgimento espontâneo de abertura, da clareza e da energia criativa pode ajudar os outros e mudar o mundo.

NYINGJE – Compaixão

Capítulo 5
Serviço e liderança iluminados

Em minha vida como monge e, mais tarde, como professor, marido e pai, tive muitas oportunidades de servir aos outros e de estar em posição de liderança. Trazer essas atividades para o caminho do Darma, ver toda a existência e todas as nossas ações como sagradas, é fundamental para os ensinamentos que recebi e para as práticas de meditação que pratico e compartilho com os outros.

No centro desses ensinamentos estão dois pontos essenciais: precisamos minimizar o ego e maximizar a compaixão. Precisamos ter consciência de ocasiões em que nossas ações surgem da dor ou do conflito pessoal e, quando isso acontecer, precisamos interrompê-las e encontrar um espaço mais aberto de onde a ação possa partir. Não precisamos continuar a agir a partir da dor. Às vezes, ficamos aprisionados na reação ao percebermos uma injustiça, ou enredados em um conflito entre pessoas ou entre facções argumentando dentro de um grupo. À medida que reconhecemos o modo como esse conflito vive em nós, podemos chegar a um lugar mais claro e aberto e, a partir daí, contribuir positivamente para a situação.

À medida que seguimos ao longo da vida, somos presenteados com mais e mais oportunidades para servir aos outros. Muitos de nós assumem papéis de responsabilidade, seja cuidando de crianças ou de pais idosos, ou posições de liderança em nossos empregos ou comunidades. Para aqueles que estão em um caminho espiritual, quando ouvimos ensinamentos, refletimos sobre seu significado em nossas vidas e praticamos meditação, nossa motivação para ajudar os outros aumenta. De acordo com o Dzogchen, para alcançarmos a maturidade espiritual, não é suficiente realizar a mente natural; é preciso integrar essa realização com nossa experiência cotidiana. E não é suficiente integrar com a experiência cotidiana; é preciso dar à luz qualidades positivas. Finalmente, não é suficiente fazer brotar qualidades positivas; é preciso desenvolver os meios para expressá-las para o bem-estar dos outros.

Ter motivação para ajudar os outros não é apenas uma característica das pessoas que seguem um caminho espiritual; a compaixão é inerente à natureza humana. Uma mãe quer ser uma boa mãe; um marido quer ser um bom parceiro; uma criança quer que todos ao seu redor sejam felizes. Em um nível muito fundamental, é bom ajudar os outros, esteja você ajudando um indivíduo, uma família ou uma comunidade.

Se refletimos sobre nossa vida, percebemos o quanto nossas ações afetam uns aos outros. Estamos interconectados com toda a vida e podemos começar a ver as consequências de nossas ações individuais e coletivas. Como podemos viver em harmonia com os outros e com o meio ambiente e aumentar nossa capacidade de beneficiá-los?

O objetivo final no caminho do Darma é a iluminação – a completa liberação do sofrimento da existência. E quando servir se torna um caminho sagrado, o principal objetivo é o mesmo. Para que a ação de servir aos outros se torne um caminho sagrado, nossas ações devem se originar de duas realizações principais: ausência de um *eu* e compaixão. Realizar a ausência de um *eu* e servir aos outros com compaixão levam à liberação do sofrimento. Assim como as duas asas de um pássaro são necessárias para o voo, a ausência do *eu* e a compaixão são necessárias para a iluminação.

A sabedoria da ausência do *eu*

A ausência do *eu* é fundamental para o serviço como caminho espiritual. Agora, neste momento de sua vida, qual é seu relacionamento consigo mesmo? Você está tentando trabalhar consigo mesmo, conectar-se consigo mesmo, encontrar-se? Qual é seu relacionamento com pessoas próximas a você? Está tentando ajudar uma criança, um pai idoso, um parceiro, um amigo? Qual é seu relacionamento com o mundo de maneira mais ampla? Você está agindo para beneficiar sua comunidade, tentando trazer energia positiva para seu local de trabalho ou dedicando-se a proteger o meio ambiente?

Lembre-se de uma situação na qual você tenta ajudar alguém. Talvez você enfrente desafios nesse esforço e esteja se sentindo frustrado, desapontado, com raiva ou desesperança. O que quer que esteja sentindo, reconheça neste momento sem criticar e nem julgar. Simplesmente esteja consciente do que acontece quando sua intenção é ajudar o outro. Permitindo que sua experiência tome forma em sua imaginação e se abrindo para o que vem à mente sem julgamento, volte sua atenção para si mesmo e olhe mais de perto. Quem está se sentindo desafiado? Quem está chateado e com raiva? Quem está cansado ou sobrecarregado? Quem sente que não está sendo reconhecido? Olhando mais profundamente para dentro de si mesmo, você pode descobrir medo, dúvida ou insegurança. Quando você enfrenta esses desafios, é importante reconhecer a identidade de dor, o *eu* que está associado a sentimentos como medo, dúvida ou raiva.

Se você estiver vendo uma determinada situação através dos olhos de uma identidade de dor, mesmo que sua intenção seja ajudar e servir, é improvável que suas ações tragam resultados positivos. Para ser eficaz, primeiro é preciso reconhecer essa identidade de medo ou de dor – o ego. Em seguida, você pode explorar as possibilidades de minimizar o ego. Afrouxar o controle do ego, da identidade de dor, não significa livrar-se de si mesmo. Na verdade, significa encontrar a si mesmo. O verdadeiro *eu* é como a água: adapta-se à forma do vaso, à situação. Mas quando seu senso de identidade é limitado e rígido, ela não muda de forma facilmente, permitindo que os conflitos com os outros inevitavelmente aconteçam.

Como encontrar esse senso de *eu* que está aberto e vê potencial e possibilidade em qualquer situação?

Quando você reconhecer que está preso e experienciando uma identidade de dor, repouse sua atenção diretamente na própria experiência de aprisionamento. Descansar a atenção é a chave. Esse não é o tipo de atenção que está entrando em pânico e tentando se livrar de algo, ou tentando melhorar alguma coisa, ou mesmo tentando analisar ou descobrir alguma coisa. A atenção em repouso é a atenção aberta. Significa estar totalmente presente com sua experiência. Há uma sensação natural de calor e generosidade que acompanha a atenção aberta. Você pode explorar isso concentrando-se diretamente em uma experiência de desconforto ou de confusão. Seu foco é como um raio de luz que ilumina o desconforto. Se a sua mente começar a analisar ou a julgar, redirecione sua atenção para ficar simplesmente presente com o desconforto. Veja, sinta, fique presente. Lentamente, o objeto de seu foco mudará. Pode ser que o desconforto, na verdade, se dissipe ou se dissolva porque qualquer identidade de dor precisa ser sustentada para existir. Quando você está totalmente presente com sua insegurança, gradualmente ela se torna menos substancial e é liberada. Quando essa liberação acontece, você vislumbra a abertura. É importante reconhecer e valorizar essa abertura, descansando sua atenção na experiência de abertura. Esse é um vislumbre da ausência do *eu*, um momento de descoberta de um espaço sagrado dentro de você, onde você é totalmente livre.

Embora possa ter experimentado esse espaço, pode ser que ele não tenha sido apontado como significativo. Ou pode ser que você não saiba como sustentar a experiência e, por essa razão, ela não se estabilizou dentro de você. Quando é capaz de permanecer presente com seu senso de *eu* e com sua experiência, sem analisar ou criticar, qualquer senso de *eu* contraído se libera, revelando um espaço do ser que não é limitado e nem confuso. O espaço ilimitado do ser, mesmo que seja experimentado apenas momentaneamente, é sagrado. A partir desse espaço sagrado ilimitado, você ganha vida e pode agir de maneira benéfica.

Uma vez que tenha reconhecido esse espaço sagrado, você se torna capaz de revelar-se completamente a si mesmo, ainda que se sinta frágil ou inseguro. Um único vislumbre do espaço sagrado dá origem a todo um caminho de viver a vida a partir da fonte criativa e aberta da mente natural. Você começa a enxergar de novo e de novo que qualquer noção de um *eu* sólido e fixo não é preciso e nem verdadeiro, e qualquer tentativa de encontrá-lo ou torná-lo sólido ou fixo é equivocada e desnecessária. Isso não é só um alívio – é uma experiência de alegria. O reconhecimento da ausência do *eu* é o alvorecer da sabedoria.

O reconhecimento da ausência do *eu* é uma percepção direta; a mente investigativa não é capaz de descobri-la. De acordo com os ensinamentos, você não conseguirá encontrá-la se estiver procurando por ela porque essa sabedoria está próxima demais. Se estiver consciente de maneira direta e nua, no exato momento, não importa o que esteja acontecendo, você descobrirá a natureza impermanente do problema e do criador de problemas – você. O que emerge é o espaço claro e aberto do ser que é e sempre foi sagrado e puro.

Como temos explorado, a meditação ajuda a nos familiarizar com a abertura do ser e a descobrir a natureza da mente, que é aberta, clara e infinitamente criativa. Realizar a ausência de um *eu* permanente ou sólido é uma experiência libertadora. Você não precisa controlar outras pessoas ou situações. Nem precisa controlar seus próprios sentimentos ou tentar prever o que pode acontecer a seguir. Pode confiar que a quietude, o silêncio e a espaciosidade o ajudarão a deixar tudo como está.

Sabedoria significa aproveitar a abertura que há em todos os momentos. Você consegue confiar nessa abertura? Consegue confiar nas oportunidades que surgem? Está pronto para o momento de abertura que irá enriquecer sua vida?

Se permanecer conectado a esse momento de espaciosidade, verá que existem infinitas possibilidades. E, de acordo com os ensinamentos do Dzogchen, todas as qualidades positivas, sem exceção, surgirão desse espaço. Nos ensinamentos, a compaixão é uma palavra que resume todas as qualidades positivas. Compaixão é a capacidade de perceber o sofrimento dos outros e agir em benefício deles. Mas você não experienciará a compaixão se não estiver aberto. É preciso enxergar a inerente abertura de seu ser nesse momento, em cada momento. Muitas vezes, não vemos a abertura e as possibilidades disponíveis porque estamos ocupados com uma história antiga. Assim, a sabedoria é estar aberto para o novo de cada momento.

A sabedoria é essencial para estar a serviço dos outros porque permite trazer todos os desafios para seu caminho. Não há momento errado para descobrir a sabedoria. É bem aqui, no meio da irritação ou da forte opinião a respeito de como as coisas deveriam ser.

A questão é: você está disposto e comprometido em reconhecer, explorar e superar seus lugares de aprisionamento? Consegue perceber a possibilidade de praticar em todos os momentos e não desistir, esperando passivamente que as coisas mudem ou que os outros mudem?

Ao perceber que está esperando que uma pessoa mude antes de se abrir para ela, ao invés disso, traga sua atenção para o momento presente, para sua experiência de si mesmo como aquele que está esperando e nutrindo uma expectativa – e está sofrendo. Se puder sustentar o espaço adequado para essa identidade de dor e trouxer uma atenção aberta, sem julgamento, sua experiência de si mesmo começará a se libertar e você descobrirá o espaço claro e aberto do momento. Não descarte a importância desse espaço claro e aberto. Não é apenas a ausência de sua identidade de dor que é experienciada nesse espaço; a abertura é plena de possibilidades. Sentindo isso em si mesmo, começará a perceber possibilidades nos outros.

Ao colocar-se a serviço do outro, uma boa pergunta é: quem você está tentando ajudar? A aspiração de ajudar o outro pode ser pura, mas, muitas vezes, ela é sequestrada por uma identidade de dor. Talvez você esteja se sentindo sozinho e precise de um amigo. Talvez queira reconhecimento ou poder. É importante estar consciente dos momentos em que sua identidade de dor está influenciando suas ações para que possa garantir que elas surjam da abertura e não de necessidades ocultas. O serviço é o local errado para procurar reconhecimento ou poder. Colocamo-nos a serviço espiritual não para alimentar o ego, mas para que ele se renda.

Nós começamos com boas intenções. Você consegue se lembrar de sua motivação inicial para ser mãe, parceiro, funcionário, empregador ou voluntário? Essa intenção ainda está viva em você? Você está surgindo a partir do espaço de abertura? É difícil manter a inspiração e agir com entusiasmo partindo do espaço certo quando se está preso a uma identidade de dor, sem saber como se conectar consigo mesmo de uma maneira melhor. Sua dor se torna um lugar familiar, mais familiar do que sua inspiração. E quando você age a partir do lugar familiar da dor, sente-se esgotado, precisando receber mais do que doar. Assim que se sentir desequilibrado ou esgotado, esse é um sinal para parar e se abrir para sua experiência de desconforto. Acolha o desconforto. O calor de sua presença permitirá que o desconforto se desprenda, descobrindo assim um espaço mais aberto de onde poderá agir.

De que maneira, portanto, ficamos abertos? Existe uma conexão direta entre quietude e abertura. Se você se sentir um pouco instável ou desequilibrado, em vez de tentar se abrir, fique quieto. Essa quietude permite que a agitação se pacifique. Quando sua agitação se pacifica, a abertura está presente. Você tem um vislumbre da liberdade. E, a partir daí, você pode se expressar e agir com o coração aberto.

Liberdade interna

A liberdade interna vem da ausência do *eu*. Quando está conectado à fonte interna do ser, você acessa a riqueza de ações que o ego experienciaria como uma perda. Tome como exemplo ser valorizado. A maioria de nós quer reconhecimento e nos sentimos mal quando não somos bem recebidos. Podemos temer a crítica dos outros, ou imaginar cenas dolorosas em que estamos sendo julgados. Podemos estar mais ocupados com pensamentos sobre nós mesmos do que em expressar uma consideração positiva pelo outro. Mas com a liberdade interna, descobrimos a alegria de permitir que os outros brilhem.

Permitir que outra pessoa expresse uma boa ideia, que você gostaria de reivindicar como sua, pode ser uma experiência prazerosa. Você ganha confiança para acolher opiniões diferentes. Abrir-se para os outros torna-se mais recompensador do que permanecer fechado e crítico. Nossa capacidade de ser generoso se manifesta a partir da ausência do *eu*. Isso se torna possível quando confiamos na abertura do ser.

No desejo de ajudar os outros, se descobrirmos que nossa sabedoria natural está obscurecida por uma identidade de dor, podemos superar essa limitação com o apoio das três pílulas preciosas. À medida que a identidade de dor é reconhecida, abraçada e liberada, o espaço sagrado interno se torna disponível. Conectar-se e confiar nesse espaço sagrado permite que a generosidade flua. Nossas ações que antes demandavam esforço passam a ser espontâneas e prazerosas.

Meditação: **Conectando-se com sabedoria**

Traga sua atenção para dentro de si. Descanse sua atenção na quietude do corpo. Tome um tempo para se conectar com a quietude do ser.

Agora, dirija sua atenção para o silêncio interno. Descanse na consciência do silêncio. Tome um tempo para liberar a tendência da mente de se envolver em conversas. Acomode-se apoiado no silêncio.

Tome consciência do espaço da mente. Deixe o espaço apoiá-lo para permitir que os pensamentos e sentimentos surjam sem rejeitá-los e nem segui-los. Descanse completamente na abertura do ser.

Conecte-se com sua motivação de ajudar ou servir aos outros. Estar a serviço não implica necessariamente um grande gesto, pode ser qualquer situação na qual você queira ajudar um indivíduo, sua família, sua comunidade, colegas de trabalho ou o meio ambiente. Ao se lembrar dessa situação, observe os desafios que está enfrentando. Tome consciência de qualquer alteração no corpo ou na respiração enquanto reflete. Tome consciência de qualquer desconforto que esteja sentindo. Tome um tempo para notar essa experiência.

Você consegue reconhecer e sentir uma identidade de dor, um *eu* que está passando por dificuldades e se sente desafiado? Quem é esse *eu* que sente dor? Você está se sentindo sobrecarregado ou cansado? Está se sentindo rejeitado ou depreciado? Essa dolorosa experiência de si mesmo precisa de sua atenção, de sua consciência aberta e sem julgamento.

Você consegue oferecer à sua identidade de dor um abraço espaçoso, luminoso e caloroso? Permaneça na presença pura, sem julgar o *eu* de dor e sem desconectar-se dele. Abra-se à experiência. Descanse na espaciosidade, totalmente conectado e consciente. Consciência é luminosidade e a bondade com respeito à sua dor é calor. Seja aberto, conectado e caloroso consigo mesmo, assim como faria com um amigo querido em sofrimento – sem julgar, apenas estando presente, sendo gentil.

Conforme acolhe sua identidade de dor dessa maneira, ela ocupará cada vez menos o espaço de seu ser. Ao final, você poderá sentir que há apenas abertura. Esse espaço é sagrado. Tome consciência disso. A consciência que reconhece o espaço sagrado é sabedoria. A sabedoria surge naturalmente com a dissolução da identidade de dor. À medida que se familiariza com o espaço sagrado, surge uma ação espontânea, sem esforço e compassiva. A ação compassiva é criativa e não tem apenas uma face. Não se limita a ser agradável. Pode ser sorridente ou encorajadora, poderosa ou até mesmo irada, mas o remédio da compaixão sempre vem do espaço claro, livre.

Dedique o mérito de sua prática com a aspiração: ao libertar meu próprio ser, possa eu beneficiar os outros.

Sempre que você traz sua identidade de dor para um relacionamento ou um projeto, dificilmente isso resulta em algum benefício porque suas próprias necessidades não foram atendidas. Quando não reconhece, não reflete e não acolhe sua própria dor, é difícil servir aos outros. A dor interfere e deixa você sem espaço claro para agir. Não ter qualquer espaço claro significa que não há sabedoria e, sem sabedoria, não há compaixão genuína. Sempre que uma situação o afeta, se você tomar consciência de uma identidade de dor em operação e se for capaz de acolher e deixar que ela se dissolva no espaço sagrado, isso é sabedoria. Quando a situação desafiadora não arrasta mais você, sua vida se torna uma meditação. Tudo o que você faz se torna prática espiritual. À medida que você se abre mais para sua própria dor, fica mais consciente da dor dos outros. Enriquecido com a própria espaciosidade, você naturalmente respeitará os outros e poderá cuidar deles.

Compaixão

Com sabedoria, descobrimos a liberdade interna; com compaixão, agimos em benefício dos outros. Ter compaixão por seus filhos, marido, esposa, colega, chefe ou qualquer outra pessoa que encontrar melhora a qualidade de sua vida cotidiana, transformando-a em prática espiritual. Muitas religiões ensinam que devemos ter compaixão pelos outros, particularmente os desprivilegiados e necessitados. Somos ensinados a colocar o bem-estar dos outros acima do nosso. Mas, frequentemente, em nossos esforços para aplicar esse conselho espiritual, sofremos. Sofremos tentando ser bons. Sofremos tentando ajudar os outros. Fazer a coisa certa pode ser estressante quando nossa bondade não vem do lugar certo.

Quando nosso esforço para ser gentil ultrapassa o medo e as velhas feridas que carregamos, quando uma identidade oculta da dor é ignorada em nome de servir a outra pessoa, nossas ações estão vindo do lugar errado. Nós nos esforçamos muito para sermos bons, mas internamente estamos sofrendo. Essa não é uma prática genuína de compaixão; é autonegligência. Nós nos abandonamos no processo de nos dedicarmos aos outros. Ao negligenciar a nós mesmos enquanto servimos aos outros, acabamos cultivando ressentimento: *onde está o reconhecimento pelo que estou fazendo? O que recebo como agradecimento? Quando terei um descanso?* Podemos ter expectativas sutis de que os outros atendam às nossas necessidades ignoradas.

Outro bloqueio à ação compassiva é pensar que os outros precisam mudar. Quando chegamos a essa conclusão como certa, não desafiamos mais nossa visão. Como resultado, perdemos a possibilidade dinâmica em nossos relacionamentos. O ego depende de ver os outros como separados de nós. Quando você se pega pensando ou desejando que o outro mude, isso é uma manifestação da separatividade do ego. Portanto, nesse ponto, pare e volte sua atenção para a quietude, para o silêncio e para a espaciosidade. Fique presente até se acomodar e começar a se conectar com uma sensação de bem-estar. Agora tome consciência do desejo de que o outro mude. Que qualidade você gostaria que o outro desenvolvesse? Você consegue encontrar essa qualidade em si mesmo neste momento? Ao se conectar com essa qualidade, sinta-a em todo o seu corpo e, em seguida, imagine-a transbordando para o mundo, especialmente para apoiar aqueles que você acha que devem mudar. Se descobrir a qualidade que deseja que os outros tenham em si mesmo, você construirá uma ponte que o separa dos outros. Ao corporificar a qualidade que quer que os outros desenvolvam, você se tornará um agente positivo de mudança.

No budismo, a compaixão começa com a solidariedade ou empatia pelo sofrimento dos outros e uma genuína motivação para ajudá-los a se libertarem do sofrimento. Sentir uma profunda empatia pelo sofrimento dos outros, sustentando um desejo claro de que se libertem, é um estado mental específico. Você está ciente da dor dos outros; você sabe como é sentir essa dor. Isso é empatia e é um passo necessário em direção à compaixão. Mas a compaixão é mais que a empatia. Inclui não apenas o desejo de que os outros estejam livres do sofrimento, mas também o desejo de agir em benefício deles.

A motivação compassiva é essencial na liderança, mas nem sempre está presente. Os líderes muitas vezes limitam sua preocupação à equipe, empresa, bairro ou cidade, com a exclusão de outros. Mas precisamos reconhecer as maneiras como limitamos o foco à nossa própria dor, necessidades e conflitos, explorando formas de expandi-lo para além de nossos limites. A inclusão é uma direção muito importante em nosso amadurecimento como seres compassivos. Com a prática da compaixão, trazemos consciência para o sofrimento e para as necessidades dos outros, abraçando um propósito coletivo ou uma missão coletiva que vai além de nossos desejos individuais. A compaixão nos ensina como nos libertarmos de nossas condições e a tomar consciência dos outros. Ela desempenha um papel essencial na liderança que está a serviço dos outros.

Um bom líder cria um espaço caloroso e aberto para dar voz aos outros, um espaço que pode abrigar diversas ideias, até mesmo conflitos, permitindo sua plena expressão. Quando somos capazes de oferecer esse espaço para os outros, suas qualidades criativas e positivas emergem e, como resultado, surgem as ações e decisões coletivas corretas. Quando a liderança tem como base um espaço compassivo e caloroso para todos, seja em uma família, em uma sala de aula, em uma corporação ou em uma nação, o resultado provavelmente trará maior benefício coletivo. Uma boa liderança é uma colaboração genuína na qual você sente uma conexão com os outros e consigo mesmo. Quando você está liderando uma equipe na execução de uma tarefa coletiva, se não houver uma conexão harmoniosa, será mais difícil atingir sua meta.

Mas e se você não sentir compaixão? Como é possível gerar compaixão? Primeiro, tome consciência dos outros. Preste atenção neles. Pense nas pessoas que são próximas a você, pessoas com quem tem um relacionamento íntimo ou que estão trabalhando próximas a você. Você se concentra nas necessidades delas ou apenas nas suas? Se está em um relacionamento íntimo, pode ser que se preocupe com sua própria insegurança: *quanto tempo esse relacionamento irá durar? Essa pessoa está realmente interessada em mim? Por que ela não me ouve?* Para despertar sentimentos de compaixão, passe a se preocupar com a outra pessoa. Pense em seus medos, suas necessidades, suas dúvidas, suas inseguranças, sua inspiração, sua alegria. Só por instantes, esqueça de si mesmo e reflita sobre o outro.

Para praticar a compaixão, deslocamos nossa atenção de nós mesmos para os outros. Pense em uma situação em que você ajuda outras pessoas, esteja você trabalhando em uma horta comunitária, ajudando os pais idosos a se mudarem para um lar para idosos ou ouvindo um amigo que está em dificuldades. Observe atentamente como você se envolve com as pessoas quando está motivado para ajudar. Observe em que situações suas ações são fáceis. Observe que situações exigem esforço. Você sente alguma alegria em servir aos outros? Quanto menos sua dor estiver envolvida em uma situação, mais livre você será para servir com naturalidade, fluidez e alegria.

Quanto mais livre você for, mais prontamente poderá reconhecer e utilizar os recursos que existem dentro de você e da comunidade. Sempre que um grupo – uma família, um bairro, uma comunidade – estiver enfrentando um desafio e você, como membro do grupo, for capaz de enfrentar o desafio com plena consciência, a inteligência coletiva encontrará soluções espontaneamente. Nenhuma pessoa precisa carregar o fardo por todos sozinha. O que é necessário é abertura e consciência do espaço coletivo. Ao refletir, tomar consciência da sua identidade de dor e abraçá-la na consciência aberta e no calor da compaixão, a dor é liberada e a abertura experienciada por você torna-se um recurso valioso para toda a comunidade.

Meditação: **Abertura para a compaixão**

Encontre uma postura que lhe permita sentar-se confortavelmente com a coluna ereta e o peito aberto.

Assim como uma sala abafada melhora quando se abre uma janela, permitindo que o ar fresco entre, você também se beneficiará com algumas respirações profundas e purificadoras. Inspire profundamente e segure a respiração por uns instantes, depois solte o ar lentamente. Faça isso de três a cinco vezes conforme se acomoda na postura.

Agora descanse sua atenção na quietude do corpo. Escute, ouça e sinta o silêncio dentro de você e ao seu redor. Conecte-se à sensação de abertura em todo o corpo. Permita que seu corpo descanse na quietude, que sua voz repouse no silêncio e que sua mente descanse na abertura. Descanse na consciência aberta.

Gradualmente, lembre-se de pessoas próximas a você que estão enfrentando desafios. Podem ser seus pais idosos, filhos em crescimento ou amigos que estejam sofrendo alguma doença, mudança ou perda. Preste mais atenção a um relacionamento em particular em que você é tocado pelo sofrimento do outro. Observe como o sofrimento dessa pessoa se manifesta em seu corpo, em suas emoções ou em sua mente. À medida que sente a dor, o estresse e o desconforto da outra pessoa, permita-se ser apoiado pela quietude, pelo silêncio e pela espaciosidade. Fique plenamente presente com sua experiência. Permita que o calor da empatia esteja também presente.

> Agora, amplie seu foco para o mundo e para aqueles em situações difíceis. Se você presta serviços comunitários ou está enfrentando algum desafio coletivo em sua profissão, tome consciência daqueles que você está tentando ajudar. Observe como seu corpo, sua respiração e sua mente são afetados enquanto você acolhe o sofrimento coletivo. Fique consciente do apoio da quietude, do silêncio e da espaciosidade à medida que você vê, sente e se abre para a dor dos outros. Quando sentir esse apoio, a empatia surgirá naturalmente na presença do sofrimento.
>
> Com o calor da empatia, sustente a intenção: que eles se libertem do sofrimento. Descanse em sua experiência enquanto ela estiver fresca.
>
> Dedique o mérito de sua prática com a aspiração: ao libertar meu próprio ser, possa eu beneficiar os outros.

Sentindo a dor dos outros e permitindo o surgimento da experiência da empatia, você cultiva a compaixão. À medida que encontra apoio interno, permitindo uma maior abertura aos desafios que enfrenta ao trabalhar com outras pessoas, você sentirá uma maior capacidade de estar presente com o sofrimento delas. A qualquer momento, você pode passar de um foco limitado para um mais abrangente ou até global. Reserve um tempo para explorar essa simples mudança de foco e descobrirá uma capacidade mais profunda de compaixão.

Mas o que acontece se você se sentir esmagado pela quantidade de sofrimento que percebe? Em vez de se desconectar ou se afastar, encontre o apoio que as três pílulas preciosas podem oferecer nesse momento. Tome consciência da quietude de seu corpo e descanse seu foco na quietude. Tome consciência do silêncio da fala interna e descanse no silêncio. Tome consciência da espaciosidade da mente e descanse. A quietude se abrirá para uma experiência de espaciosidade que é inclusiva. A experiência do silêncio se abrirá para a consciência que é iluminadora e livre de julgamento. A consciência do espaço pode abrir seu coração e permitir que o calor da compaixão surja naturalmente. Estar totalmente presente consigo mesmo e com sua experiência permitirá que você faça parte da solução. Você pode tomar as três pílulas preciosas quantas vezes por dia forem necessárias. Pausar várias vezes por apenas 30 segundos ao longo de um dia movimentado pode trazer uma mudança vital, beneficiando você e os outros.

Embora a compaixão seja focada no bem-estar dos outros, isso não significa que você não se beneficia em servi-los. Um foco saudável nos outros é uma maneira de se ajudar. Expressar suas qualidades positivas dá vitalidade à sua vida.

Inspirando os outros para servir

Um aspecto importante da liderança iluminada é inspirar outras pessoas a servir. Se estiver ajudando pessoas ou uma comunidade ou mesmo a sociedade de maneira mais ampla, qualquer empreendimento coletivo será quase impossível de ser realizado sem a participação dos outros.

O primeiro passo é ter uma intenção clara, um propósito que seja uma visão ou uma missão coletiva. Este será um lembrete útil quando surgirem desafios e conflitos. Você poderá parar e acolher qualquer desafio com calor e presença, reconectando-se com a visão coletiva que serve de inspiração.

Trabalhar com outras pessoas sempre implica uma conexão de coração com coração. Se não houver conexão genuína, não é possível inspirar os outros a colaborarem de uma maneira que apoie a criatividade coletiva. Portanto, como trazer à tona o melhor nos outros? Quando duvida das pessoas, você prejudica sua capacidade de realizar as coisas de forma eficaz. Quando confia nelas, elas se tornam mais confiáveis. Para confiar nos outros, é preciso abandonar o apego à maneira como você gostaria que as coisas funcionassem.

Quando os outros se sentem inspirados, é mais provável que sejam criativos e tomem iniciativas. Mas você se sente ameaçado pelas ideias deles? Sente que estão tirando algo de você? Conectar-se com a fonte ilimitada dentro de você lhe dá o apoio para soltar e deixar os outros contribuírem. As pessoas podem estar prontas para participar de um esforço coletivo, mas pode ser que você esteja impedindo caso seu corpo de dor, fala de dor ou mente de dor estiverem ativados. Olhe atentamente: você está inspirando as pessoas para servir? As pessoas precisam sentir abertura e calor de sua parte.

Estar aberto à participação dos outros também envolve assumir riscos. As coisas podem não funcionar como você imaginou; podem até dar errado, mas se você for capaz de dar espaço para o inesperado, sua confiança irá inspirar o melhor nos outros. Quando você é bem-humorado e flexível, a alegria e a criatividade surgem espontaneamente.

Em algum momento, servindo aos outros, você pode sentir que seu papel está chegando ao fim. Terá chegado a hora de sair de uma posição de liderança ou de mudar para outra área para continuar servindo? Talvez você esteja perdendo as qualidades internas necessárias para servir bem. Se tiver chegado a hora de outros assumirem a liderança, você está aberto a essa possibilidade? É apenas uma questão de encontrar as pessoas certas? Você precisa confiar mais nos outros? Se estiver genuinamente aberto a mudanças, as pessoas certas aparecerão. Certifique-se de não estar criando um obstáculo, agarrando-se e não dando espaço para que outros possam entrar.

Talvez você precise abrir sua visão com o *A* e se conectar ao campo de possibilidades com o *OM*. Se a sua visão do que é necessário for muito fixa, ela pode bloquear o surgimento de novas direções e possibilidades. Abra seu coração com o *HUNG* e permita o surgimento da visão de outros dando um passo à frente para liderar. Com o *RAM* você pode refletir sobre sua boa sorte em ter sido capaz de servir e sobre seu desejo de dar aos outros a mesma oportunidade. Se outras pessoas sentirem sua abertura, seu entusiasmo, seu esforço alegre, sua motivação positiva, com o *DZA*, você abrirá a porta para permitir que as qualidades de liderança delas surjam.

A sabedoria é a descoberta da liberdade. No reino do serviço e da liderança, precisamos da sabedoria para nos libertar, para não ficarmos presos em nossa própria dor e em nosso ego. Precisamos de compaixão para prestar atenção aos outros e cuidar deles. Amadurecemos em nosso caminho espiritual quando, através da sabedoria, minimizamos o ego e, através do serviço, maximizamos a compaixão. Quando você encontra e confia no apoio do refúgio interno, pode lidar com os desafios que enfrenta ao viver uma vida totalmente conectada. Pode liberar sua identidade de dor e descobrir o que há de mais elevado em você. Desse lugar, suas ações criativas e espontâneas beneficiarão os outros.

Em minha tradição, recitamos orações ou desejos pela longa vida de nossos professores, a quem respeitamos profundamente como fonte dos ensinamentos e como guias no caminho para a realização. Essa oração foi escrita para mim pelo meu próprio professor, que respondeu a um pedido feito pelos meus alunos. A última linha de sua oração é: *Que sua vida seja plena de realizações*. Isso se refere à expressão completa das qualidades positivas que são despertadas em você e trazem benefícios para os outros. Assim, essa é a aspiração que eu ofereço a você:

Que suas qualidades positivas possam emergir, que você possa honrá-las, expressando-as em sua vida e que outras pessoas possam se beneficiar.

LHUNDRUP – As qualidades iluminadas espontaneamente perfeitas e suas expressões livres de esforço

Agradecimentos

Dedico este livro a todos os meus professores, do passado e do presente, cada um deles sendo um exemplo do poder transformador da prática espiritual. Sua sabedoria, graça, conhecimento e compaixão empoderam tudo que faço e me curvo, reverenciando cada um deles com gratidão por suas muitas bênçãos.

Agradeço a minha esposa, Khandro Tsering Wangmo. Tsering oferece muito espaço para todas as qualidades positivas se manifestarem em nossa vida juntos. Ela é generosa, atenciosa e solidária não apenas com nossa família, mas também com nossa família espiritual mais ampla, que se estende por todo o mundo. Em minha vida, sua generosidade e sua alegria são como o céu azul e límpido.

Este é o meu quarto livro com a Hay House e Patty Gift. Patty mais uma vez me guiou pelo processo de escrever um livro com sua gentileza, tranquilidade e profissionalismo característicos. Anne Barthel, também da Hay House, e Joan Duncan Oliver editaram o manuscrito. Seu cuidado e diligência melhoraram muito o trabalho e o tornaram mais legível e mais acessível. Obrigado.

Marcy Vaughn é uma pessoa sem a qual este livro não poderia existir. Ninguém entende melhor sobre como comunicar por escrito meu estilo de ensinar. Graças a Marcy, este livro transmite os ensinamentos de maneira clara, acessível e autêntica. Marcy também conduz práticas em muitos dos meus retiros nos Estados Unidos e conduz retiros ao redor do mundo para o Ligmincha e The 3 Doors. Do fundo do meu coração, sou grato por ter uma aluna e colega tão extraordinária.

Sue Davis Dill, diretora executiva do Ligmincha, me apoia há 18 anos. Ao longo dos anos, ela teve muitos papéis ajudando a sangha do Ligmincha e a mim. Seu apoio administrativo e organizacional se estende até mesmo para me ajudar com minhas publicações internacionais. Obrigado.

Expresso minha gratidão a Rob Patzig e sua esposa, Eileen. Seu trabalho como presidente do conselho do Ligmincha International me libera para ensinar mais, escrever mais e criar mais. Eileen é seu apoio, assim como Tsering é o meu.

Também agradeço a todos aqueles que trabalham em nome do Ligmincha International e The 3 Doors. Ao libertarmos nosso próprio ser, possamos beneficiar os outros.

Sobre o autor

Professor altamente respeitado e mestre de meditação na tradição budista Bön, Tenzin Wangyal Rinpoche tem alunos em mais de 25 países ao redor do mundo e atinge muitos mais através de seus programas online. Ele é o fundador e diretor espiritual do Ligmincha International, organização sem fins lucrativos dedicada a preservar a sabedoria e cultura antigas do Tibete e compartilhá-las de uma maneira que seja relevante para os praticantes nos dias de hoje. Ele também é o fundador da The 3 Doors, organização internacional sem fins lucrativos que ensina métodos de meditação tibetana com aplicações práticas para a vida cotidiana, e do Instituto Lishu, centro residencial no norte da Índia para estudo intensivo e prática do Bön. Tenzin Rinpoche é um autor aclamado, cujos livros incluem *Despertando o Corpo Sagrado*, *Despertando a Mente Luminosa*, *A Cura Através da Forma, da Energia e da Luz* e *A Verdadeira Fonte de Cura*. Ele mora no norte da Califórnia com sua esposa e seu filho.

Links: ligmincha.org; the3doors.org; www.facebook.com/tenzinwangyalrinpoche

eureciclo
.com.br

O selo eureciclo faz a compensação ambiental das embalagens usadas pela Editora Lúcida Letra.

Que muitos seres sejam beneficiados.

Para maiores informações sobre lançamentos da Lúcida Letra, cadastre-se em
www.lucidaletra.com.br

Este livro foi impresso em novembro de 2019,
na gráfica da Editora Vozes, em papel Avena 80g,
utilizando as fontes Aleo, Enzo e Sabon.